I0493172

INDICE

A CHI LEGGE

Alcuni avanzi di leggi di un antico popolo conquistatore fatte compilare da un principe che dodici secoli fa regnava in Costantinopoli, frammischiate poscia con i riti longobardi, ed involte in farraginosi volumi di privati ed oscuri interpreti, formano quella tradizione di opinioni che da una gran parte dell'Europa ha tuttavia il nome di leggi; ed è cosa funesta quanto comune al dì d'oggi che una opinione di Carpzovio, un uso antico accennato da Claro, un tormento con iraconda compiacenza suggerito da Farinaccio siano le leggi a cui con sicurezza obbediscono coloro che tremando dovrebbero reggere le vite e le fortune degli uomini. Queste leggi, che sono uno scolo dei secoli i piú barbari, sono esaminate in questo libro per quella parte che riguarda il sistema criminale, e i disordini di quelle si osa esporli a' direttori della pubblica felicità con uno stile che allontana il volgo non illuminato ed impaziente. Quella ingenua indagazione della verità, quella indipendenza delle opinioni volgari con cui è scritta quest'opera è un effetto del dolce e illuminato governo sotto cui vive l'autore. I grandi monarchi, i benefattori della umanità che ci reggono, amano le verità esposte dall'oscuro filosofo con un non fanatico vigore, detestato solamente da chi si avventa alla forza o alla industria, respinto dalla ragione; e i disordini presenti da chi ben n'esamina tutte le circostanze sono la satira e il rimprovero delle passate età, non già di questo secolo e dei suoi legislatori.

Chiunque volesse onorarmi delle sue critiche cominci dunque dal ben comprendere lo scopo a cui è diretta quest'opera, scopo che ben lontano di diminuire la legittima autorità, servirebbe ad accrescerla se piú che la forza può negli uomini la opinione, e se la dolcezza e l'umanità la giustificano agli occhi di tutti. Le mal intese critiche pubblicate contro questo libro si fondano su confuse nozioni, e mi obbligano d'interrompere per un momento i miei ragionamenti agl'illuminati lettori, per chiudere una volta per sempre ogni adito agli errori di un timido zelo o alle calunnie della maligna invidia.

Tre sono le sorgenti delle quali derivano i principii morali e politici regolatori degli uomini. La rivelazione, la legge naturale, le convenzioni fattizie della società. Non vi è paragone tra la prima e le altre per rapporto al principale di lei fine; ma si assomigliano in questo, che conducono tutte tre alla felicità di questa vita mortale. Il considerare i rapporti dell'ultima non è l'escludere i rapporti delle due prime; anzi siccome quelle, benché divine ed immutabili, furono per colpa degli uomini dalle false religioni e dalle arbitrarie nozioni di vizio e di virtù in mille modi nelle depravate menti loro alterate, così sembra necessario di esaminare separatamente da ogni altra considerazione ciò che nasca dalle pure convenzioni umane, o espresse, o supposte per la necessità ed utilità comune, idea in cui ogni setta ed ogni sistema di morale deve necessariamente convenire; e sarà sempre lodevole intrapresa quella che sforza anche i piú pervicaci ed increduli a conformarsi ai principii che spingono gli uomini a vivere in società. Ci sono dunque tre distinte classi di virtù e di vizio, religiosa, naturale e politica. Queste tre classi non devono mai essere in contraddizione fra di loro, ma non tutte le conseguenze e i doveri che risultano dall'una risultano dalle altre. Non tutto ciò che esige la rivelazione lo esige la legge naturale, né tutto ciò che esige questa lo esige la pura legge sociale: ma egli è importantissimo di separare ciò che risulta da questa convenzione, cioè dagli espressi o taciti patti degli uomini, perché tale è il limite di quella forza che può legittimamente esercitarsi tra uomo e uomo senza una speciale missione dell'Essere supremo. Dunque l'idea della virtù politica può senza taccia chiamarsi variabile; quella della virtù naturale sarebbe sempre limpida e manifesta se l'imbecillità o le passioni degli uomini non la oscurassero; quella della virtù religiosa è sempre una costante, perché rivelata immediatamente da Dio e da lui conservata.

Sarebbe dunque un errore l'attribuire a chi parla di convenzioni sociali e delle conseguenze di esse principii contrari o alla legge naturale o alla rivelazione; perché non parla di queste. Sarebbe un errore a chi, parlando di stato di guerra prima dello stato di società, lo prendesse nel senso hobbesiano, cioè di nessun dovere e di nessuna obbligazione anteriore, in vece di prenderlo per un fatto nato dalla corruzione della natura umana e dalla mancanza di una sanzione espressa. Sarebbe un errore l'imputare a delitto ad uno scrittore, che considera le emanazioni del patto sociale, di non ammetterle prima del patto stesso.

La giustizia divina e la giustizia naturale sono per essenza loro immutabili e costanti, perché la relazione fra due medesimi oggetti è sempre la medesima; ma la giustizia umana, o sia politica, non essendo che una relazione fra l'azione e lo stato vario della società, può variare a misura che diventa necessaria o utile alla società quell'azione, né ben si discerne se non da chi analizzi i complicati e mutabilissimi rapporti delle civili combinazioni. Sì tosto che questi principii essenzialmente distinti vengano confusi, non v'è più speranza di ragionar bene nelle materie pubbliche. Spetta a' teologi lo stabilire i confini del giusto e dell'ingiusto, per ciò che riguarda l'intrinseca malizia o bontà dell'atto; lo stabilire i rapporti del giusto e dell'ingiusto politico, cioè dell'utile o del danno della società, spetta al pubblicista; né un oggetto può mai pregiudicare all'altro, poiché ognun vede quanto la virtù puramente politica debba cedere alla immutabile virtù emanata da Dio.

Chiunque, lo ripeto, volesse onorarmi delle sue critiche, non cominci dunque dal supporre in me principii distruttori o della virtù o della religione, mentre ho dimostrato tali non essere i miei principii, e invece di farmi incredulo o sedizioso procuri di ritrovarmi cattivo logico o inavvisto politico; non tremi ad ogni proposizione che sostenga gl'interessi dell'umanità; mi convinca o della inutilità o del danno politico che nascer ne potrebbe dai miei principii, mi faccia vedere il vantaggio delle pratiche ricevute. Ho dato un pubblico testimonio della mia religione e della sommissione al mio sovrano con la risposta alle Note ed osservazioni; il rispondere ad ulteriori scritti simili a quelle sarebbe superfluo; ma chiunque scriverà con quella

7

decenza che si conviene a uomini onesti e con quei lumi che mi dispensino dal provare i primi principii, di qualunque carattere essi siano, troverà in me non tanto un uomo che cerca di rispondere quanto un pacifico amatore della verità.

INTRODUZIONE

Gli uomini lasciano per lo piú in abbandono i piú importanti regolamenti alla giornaliera prudenza o alla discrezione di quelli, l'interesse dei quali è di opporsi alle piú provide leggi che per natura rendono universali i vantaggi e resistono a quello sforzo per cui tendono a condensarsi in pochi, riponendo da una parte il colmo della potenza e della felicità e dall'altra tutta la debolezza e la miseria. Perciò se non dopo esser passati framezzo mille errori nelle cose piú essenziali alla vita ed alla libertà, dopo una stanchezza di soffrire i mali, giunti all'estremo, non s'inducono a rimediare ai disordini che gli opprimono, e a riconoscere le piú palpabili verità, le quali appunto sfuggono per la semplicità loro alle menti volgari, non avvezze ad analizzare gli oggetti, ma a riceverne le impressioni tutte di un pezzo, piú per tradizione che per esame.

Apriamo le storie e vedremo che le leggi, che pur sono o dovrebbero esser patti di uomini liberi, non sono state per lo piú che lo strumento delle passioni di alcuni pochi, o nate da una fortuita e passeggera necessità; non già dettate da un freddo esaminatore della natura umana, che in un sol punto concentrasse le azioni di una moltitudine di uomini, e le considerasse in questo punto di vista: la massima felicità divisa nel maggior numero. Felici sono quelle pochissime nazioni, che non aspettarono che il lento moto delle combinazioni e vicissitudini umane facesse succedere all'estremità dei mali un avviamento al bene, ma ne accelerarono i passaggi intermedi con buone leggi; e merita la gratitudine degli uomini quel filosofo ch'ebbe il coraggio dall'oscuro e disprezzato suo gabinetto di gettare nella moltitudine i primi semi lungamente infruttuosi delle utili verità.

Si sono conosciute le vere relazioni fra il sovrano e i sudditi, e fra le diverse nazioni; il commercio si è animato all'aspetto delle verità filosofiche rese comuni con la stampa, e si è accesa fra le nazioni una tacita guerra d'industria la piú umana e la piú degna di uomini ragionevoli. Questi sono frutti che si debbono alla luce di questo secolo, ma pochissimi hanno esaminata e combattuta la crudeltà delle pene e l'irregolarità delle procedure criminali, parte di legislazione così principale e così trascurata in quasi tutta l'Europa, pochissimi, rimontando ai principii generali, annientarono gli errori accumulati di piú secoli, frenando almeno, con quella sola forza che hanno le verità conosciute, il troppo libero corso della mal diretta potenza, che ha dato fin ora un lungo ed autorizzato esempio di fredda atrocità. E pure i gemiti dei deboli, sacrificati alla crudele ignoranza ed alla ricca indolenza, i barbari tormenti con prodiga e inutile severità moltiplicati per delitti o non provati o chimerici, la squallidezza e gli orrori d'una prigione, aumentati dal piú crudele carnefice dei miseri, l'incertezza, dovevano scuotere quella sorta di magistrati che guidano le opinioni delle menti umane.

L'immortale Presidente di Montesquieu ha rapidamente scorso su di questa materia. L'indivisibile verità mi ha forzato a seguire le tracce luminose di questo grand'uomo, ma gli uomini pensatori, per i quali scrivo, sapranno distinguere i miei passi dai suoi. Me fortunato, se potrò ottenere, com'esso, i segreti ringraziamenti degli oscuri e pacifici seguaci della ragione, e se potrò inspirare quel dolce fremito con cui le anime sensibili rispondono a chi sostiene gl'interessi della umanità!

ORIGINE DELLE PENE

Le leggi sono le condizioni, con le quali uomini indipendenti ed isolati si unirono in società, stanchi di vivere in un continuo stato di guerra e di godere una libertà resa inutile dall'incertezza di conservarla. Essi ne sacrificarono una parte per goderne il restante con sicurezza e tranquillità. La somma di tutte queste porzioni di libertà sacrificate al bene di ciascuno forma la sovranità di una nazione, ed il sovrano è il legittimo depositario ed amministratore di quelle; ma non bastava il formare questo deposito, bisognava difenderlo dalle private usurpazioni di ciascun uomo in particolare, il quale cerca sempre di togliere dal deposito non solo la propria porzione, ma usurparsi ancora quella degli altri. Vi volevano dei motivi sensibili che bastassero a distogliere il dispotico animo di ciascun uomo dal risommergere nell'antico caos le leggi della società. Questi motivi sensibili sono le pene stabilite contro gli infrattori delle leggi. Dico sensibili motivi, perché l'esperienza ha fatto vedere che la moltitudine non adotta stabili principii di condotta, né si allontana da quel principio universale di dissoluzione, che nell'universo fisico e morale si osserva, se non con motivi che immediatamente percuotono i sensi e che di continuo si affacciano alla mente per controbilanciare le forti impressioni delle passioni parziali che si oppongono al bene universale: né l'eloquenza, né le declamazioni, nemmeno le piú sublimi verità sono bastate a frenare per lungo tempo le passioni eccitate dalle vive percosse degli oggetti presenti.

DIRITTO DI PUNIRE

Ogni pena che non derivi dall'assoluta necessità, dice il grande Montesquieu, è tirannica; proposizione che si può rendere più generale così: ogni atto di autorità di uomo a uomo che non derivi dall'assoluta necessità è tirannico. Ecco dunque sopra di che è fondato il diritto del sovrano di punire i delitti: sulla necessità di difendere il deposito della salute pubblica dalle usurpazioni particolari; e tanto più giuste sono le pene, quanto più sacra ed inviolabile è la sicurezza, e maggiore la libertà che il sovrano conserva ai sudditi. Consultiamo il cuore umano e in esso troveremo i principii fondamentali del vero diritto del sovrano di punire i delitti, poiché non è da sperarsi alcun vantaggio durevole dalla politica morale se ella non sia fondata su i sentimenti indelebili dell'uomo. Qualunque legge devii da questi incontrerà sempre una resistenza contraria che vince alla fine, in quella maniera che una forza benché minima, se sia continuamente applicata, vince qualunque violento moto comunicato ad un corpo.

Nessun uomo ha fatto il dono gratuito di parte della propria libertà in vista del ben pubblico; questa chimera non esiste che ne' romanzi; se fosse possibile, ciascuno di noi vorrebbe che i patti che legano gli altri, non ci legassero; ogni uomo si fa centro di tutte le combinazioni del globo.

La moltiplicazione del genere umano, piccola per se stessa, ma di troppo superiore ai mezzi che la sterile ed abbandonata natura offriva per soddisfare ai bisogni che sempre più si incrociavano tra di loro, riunì i primi selvaggi. Le prime unioni formarono necessariamente le altre per resistere alle prime, e così lo stato di guerra trasportassi dall'individuo alle nazioni.

Fu dunque la necessità che costrinse gli uomini a cedere parte della propria libertà: egli è dunque certo che ciascuno non ne vuol mettere nel pubblico deposito che la minima porzione possibile, quella sola che basti a indurre gli altri a difenderlo. L'aggregato di queste minime porzioni possibili

12

forma il diritto di punire; tutto il di più è abuso e non giustizia, è fatto, ma non già diritto. Osservate che la parola diritto non è contraddittoria alla parola forza, ma la prima è piuttosto una modificazione della seconda, cioè la modificazione più utile al maggior numero. E per giustizia io non intendo altro che il vincolo necessario per tenere uniti gl'interessi particolari, che senz'esso si scioglierebbero nell'antico stato d'inconscio; tutte le pene che oltrepassano la necessità di conservare questo vincolo sono ingiuste di loro natura. Bisogna guardarsi di non attaccare a questa parola giustizia l'idea di qualche cosa di reale, come di una forza fisica, o di un essere esistente; ella è una semplice maniera di concepire degli uomini, maniera che influisce infinitamente sulla felicità di ciascuno; nemmeno intendo quell'altra sorta di giustizia che è emanata da Dio e che ha i suoi immediati rapporti con le pene e ricompense della vita avvenire.

CONSEGUENZE

La prima conseguenza di questi principii è che le sole leggi possono decretar le pene su i delitti, e quest'autorità non può risedere che presso il legislatore, che rappresenta tutta la società unita per un contratto sociale; nessun magistrato (che è parte di società) può con giustizia infligger pene contro ad un altro membro della società medesima. Ma una pena accresciuta al di là dal limite fissato dalle leggi è la pena giusta più un'altra pena; dunque non può un magistrato, sotto qualunque pretesto di zelo o di ben pubblico, accrescere la pena stabilita ad un delinquente cittadino.

La seconda conseguenza è che se ogni membro particolare è legato alla società, questa è parimente legata con ogni membro particolare per un contratto che di sua natura obbliga le due parti. Questa obbligazione, che discende dal trono fino alla capanna, che lega ugualmente e il più grande e il più miserabile fra gli uomini, non altro significa se non che è interesse di tutti che i patti utili al maggior numero siano osservati. La violazione anche di un solo, comincia ad autorizzare l'anarchia. Il sovrano, che rappresenta la società medesima, non può formare che leggi generali che obblighino tutti i membri, ma non già giudicare che uno abbia violato il contratto sociale, poiché allora la nazione si dividerebbe in due parti, una rappresentata dal sovrano, che asserisce la violazione del contratto, e l'altra dall'accusato, che la nega. Egli è dunque necessario che un terzo giudichi della verità del fatto. Ecco la necessità di un magistrato, le di cui sentenze siano inappellabili e consistano in mere asserzioni o negative di fatti particolari. La terza conseguenza è che quando si provasse che l'atrocità delle pene, se non immediatamente opposta al ben pubblico ed al fine medesimo d'impedire i delitti, fosse solamente inutile, anche in questo caso essa sarebbe non solo contraria a quelle virtù benefiche che sono

14

l'effetto d'una ragione illuminata che preferisce il comandare ad uomini felici più che a una greggia di schiavi, nella quale si faccia una perpetua circolazione di timida crudeltà, ma lo sarebbe alla giustizia ed alla natura del contratto sociale medesimo.

INTERPRETAZIONE DELLE LEGGI

Quarta conseguenza. Nemmeno l'autorità d'interpretare le leggi penali può risedere presso i giudici criminali per la stessa ragione che non sono legislatori. I giudici non hanno ricevuto le leggi dagli antichi nostri padri come una tradizione domestica ed un testamento che non lasciasse ai posteri che la cura d'ubbidire, ma le ricevono dalla vivente società, o dal sovrano rappresentatore di essa, come legittimo depositario dell'attuale risultato della volontà di tutti; le ricevono non come obbligazioni d'un antico giuramento, nullo, perché legava volontà non esistenti, iniquo, perché riduceva gli uomini dallo stato di società allo stato di mandria, ma come effetti di un tacito o espresso giuramento, che le volontà riunite dei viventi sudditi hanno fatto al sovrano, come vincoli necessari per frenare e reggere l'intestino fermento degl'interessi particolari. Quest'è la fisica e reale autorità delle leggi. Chi sarà dunque il legittimo interprete della legge? Il sovrano, cioè il depositario delle attuali volontà di tutti, o il giudice, il di cui ufficio è solo l'esaminare se il tal uomo abbia fatto o no un'azione contraria alle leggi?

In ogni delitto si deve fare dal giudice un sillogismo perfetto: la maggiore deve essere la legge generale, la minore l'azione conforme o no alla legge, la conseguenza la libertà o la pena. Quando il giudice sia costretto, o voglia fare anche soli due sillogismi, si apre la porta all'incertezza.

Non v'è cosa più pericolosa di quell'assioma comune che bisogna consultare lo spirito della legge. Questo è un argine rotto al torrente delle opinioni. Questa verità, che sembra un paradosso alle menti volgari, più percosse da un piccolo disordine presente che dalle funeste ma remote conseguenze che nascono da un falso principio radicato in una nazione, mi sembra dimostrata. Le nostre cognizioni e tutte le nostre idee hanno una reciproca connessione; quanto più sono complicate, tanto più numerose sono le strade che ad esse arrivano e partono. Ciascun uomo ha il suo punto di vista, ciascun uomo in differenti tempi ne ha un diverso. Lo spirito della legge sarebbe dunque il risultato di una buona o cattiva logica di un giudice, di una facile o malsana digestione, dipenderebbe dalla violenza delle sue passioni, dalla debolezza di chi soffre, dalle relazioni del giudice coll'offeso e da tutte quelle minime forze che cangiano le apparenze di ogni oggetto nell'animo fluttuante dell'uomo. Quindi vediamo la sorte di un cittadino cambiarsi spesse volte nel passaggio che fa a diversi tribunali, e le vite dei miserabili essere la vittima dei falsi raziocini o dell'attuale fermento degli umori d'un giudice, che prende per legittima interpretazione il vago risultato di tutta quella confusa serie di nozioni che gli muove la mente. Quindi vediamo gli stessi delitti dallo stesso tribunale puniti diversamente in diversi tempi, per aver consultato non la costante e fissa voce della legge, ma l'errante instabilità delle interpretazioni.

Un disordine che nasce dalla rigorosa osservanza della lettera di una legge penale non è da mettersi in confronto coi disordini che nascono dalla interpretazione. Un tal momentaneo inconveniente spinge a fare la facile e necessaria correzione alle parole della legge, che sono la cagione dell'incertezza, ma impedisce la fatale licenza di ragionare, da cui nascono le arbitrarie e venali controversie. Quando un codice fisso di leggi, che si debbono osservare alla lettera, non lascia al giudice altra incombenza che di esaminare le azioni dei cittadini, e giudicarle conformi o difformi alla legge scritta, quando la norma del giusto e dell'ingiusto, che deve dirigere le azioni sì del cittadino ignorante come del cittadino filosofo, non è un affare di controversia, ma di fatto, allora i sudditi non sono soggetti alle piccole tirannie di molti, tanto più crudeli quanto è minore la distanza fra chi soffre e chi fa soffrire, più fatali che quelle di un solo, perché il dispotismo di molti non è correggibile che dal dispotismo di un solo e la crudeltà di un dispotico è proporzionata non alla forza, ma agli ostacoli. Così acquistano i cittadini quella sicurezza di loro stessi che è giusta perché è lo scopo per cui gli uomini stanno in società, che è utile perché gli mette nel caso di esattamente calcolare gl'inconvenienti di un misfatto. Egli è vero altresì che acquisteranno uno spirito d'indipendenza, ma non già scuotitore delle leggi e ricalcitrante a' supremi magistrati, bensì a quelli che hanno osato chiamare col sacro nome di virtù la debolezza di cedere alle loro interessate o capricciose opinioni. Questi principii spiaceranno a coloro che si sono fatto un diritto di trasmettere agl'inferiori i colpi della tirannia che hanno ricevuto dai superiori. Dovrei tutto temere, se lo spirito di tirannia fosse componibile collo spirito di lettura.

OSCURITÀ DELLE LEGGI

Se l'interpretazione delle leggi è un male, egli è evidente esserne un altro l'oscurità che strascina seco necessariamente l'interpretazione, e lo sarà grandissimo se le leggi siano scritte in una lingua straniera al popolo, che lo ponga nella dipendenza di alcuni pochi, non potendo giudicar da se stesso qual sarebbe l'esito della sua libertà, o dei suoi membri, in una lingua che formi di un libro solenne e pubblico un quasi privato e domestico. Che dovremo pensare degli uomini, riflettendo esser questo l'inveterato costume di buona parte della colta ed illuminata Europa! Quanto maggiore sarà il numero di quelli che intenderanno e avranno fra le mani il sacro codice delle leggi, tanto meno frequenti saranno i delitti, perché non v'ha dubbio che l'ignoranza e l'incertezza delle pene aiutino l'eloquenza delle passioni.

Una conseguenza di quest'ultime riflessioni è che senza la scrittura una società non prenderà mai una forma fissa di governo, in cui la forza sia un effetto del tutto e non delle parti e in cui le leggi, inalterabili se non dalla volontà generale, non si corrompano passando per la folla degl'interessi privati. L'esperienza e la ragione ci hanno fatto vedere che la probabilità e la certezza delle tradizioni umane si sminuiscono a misura che si allontanano dalla sorgente. Che se non esiste uno stabile monumento del patto sociale, come resisteranno le leggi alla forza inevitabile del tempo e delle passioni?

Da ciò vediamo quanto sia utile la stampa, che rende il pubblico, e non alcuni pochi, depositario delle sante leggi, e quanto abbia dissipato quello spirito tenebroso di cabala e d'intrigo che sparisce in faccia ai lumi ed alle scienze apparentemente disprezzate e realmente temute dai seguaci di lui. Questa è la cagione, per cui vediamo sminuita in Europa l'atrocità dei delitti che facevano gemere gli antichi nostri padri, i quali diventavano a vicenda tiranni e schiavi. Chi conosce la storia di due o tre secoli fa, e la nostra, potrà vedere come dal seno del lusso e della mollezza nacquero le più dolci virtù, l'umanità, la beneficenza, la tolleranza degli errori umani. Vedrà quali furono gli effetti di quella che chiamasi a torto antica semplicità e buona fede: l'umanità gemente sotto l'implacabile superstizione, l'avarizia, l'ambizione di pochi tinger di sangue umano gli scrigni dell'oro e i troni dei re, gli occulti tradimenti, le pubbliche stragi, ogni nobile tiranno della plebe, i ministri della verità evangelica lordando di sangue le mani che ogni giorno toccavano il Dio di mansuetudine, non sono l'opera di questo secolo illuminato, che alcuni chiamano corrotto.

PROPORZIONE FRA I DELITTI E LE PENE

Non solamente è interesse comune che non si commettano delitti, ma che siano più rari a proporzione del male che arrecano alla società. Dunque più forti debbono essere gli ostacoli che risospingono gli uomini dai delitti a misura che sono contrari al ben pubblico, ed a misura delle spinte che gli portano ai delitti. Dunque vi deve essere una proporzione fra i delitti e le pene.

È impossibile di prevenire tutti i disordini nell'universale combattimento delle passioni umane. Essi crescono in ragione composta della popolazione e dell'incrocio degl'interessi particolari che non è possibile dirigere geometricamente alla pubblica utilità. All'esattezza matematica bisogna sostituire nell'aritmetica politica il calcolo delle probabilità. Si getti uno sguardo sulle storie e si vedranno crescere i disordini coi confini degl'imperi, e, scemando nella stessa proporzione il sentimento nazionale, la spinta verso i delitti cresce in ragione dell'interesse che ciascuno prende ai disordini medesimi: perciò la necessità di aggravare le pene si va per questo motivo sempre più aumentando.

Quella forza simile alla gravità, che ci spinge al nostro ben essere, non si trattiene che a misura degli ostacoli che gli sono opposti. Gli effetti di questa forza sono la confusa serie delle azioni umane: se queste si urtano scambievolmente e si offendono, le pene, che io chiamerei ostacoli politici, ne impediscono il cattivo effetto senza distruggere la causa impellente, che è la sensibilità medesima inseparabile dall'uomo, e il legislatore fa come l'abile architetto di cui l'officio è di opporsi alle direzioni rovinose della gravità e di far cospirare quelle che contribuiscono alla forza dell'edificio.

Data la necessità della riunione degli uomini, dati i patti, che necessariamente risultano dalla opposizione medesima degl'interessi privati, trovasi una scala di disordini, dei quali il primo grado consiste in quelli che distruggono immediatamente la società, e l'ultimo nella minima ingiustizia possibile fatta ai privati membri di essa. Tra questi estremi sono comprese tutte le azioni opposte al ben pubblico, che chiamansi delitti, e tutte vanno, per gradi insensibili, decrescendo dal più sublime al più infimo. Se la geometria fosse adattabile alle infinite ed oscure combinazioni delle azioni umane, vi dovrebbe essere una scala corrispondente di pene, che discendesse dalla più forte alla più debole: ma basterà al saggio legislatore di segnarne i punti principali, senza turbar l'ordine, non decretando ai delitti del primo grado le pene dell'ultimo. Se vi fosse una scala esatta ed universale delle pene e dei delitti, avremmo una probabile e comune misura dei gradi di tirannia e di libertà, del fondo di umanità o di malizia delle diverse nazioni.

Qualunque azione non compresa tra i due sopraccennati limiti non può essere chiamata delitto, o punita come tale, se non da coloro che vi trovano il loro interesse nel così chiamarla. La incertezza di questi limiti ha prodotta nelle nazioni una morale che contraddice alla legislazione; più attuali legislazioni che si escludono scambievolmente; una moltitudine di leggi che espongono il più saggio alle pene più rigorose, e però resi vaghi e fluttuanti i nomi di vizio e di virtù, e però nata l'incertezza della propria esistenza, che produce il letargo ed il sonno fatale nei corpi politici. Chiunque leggerà con occhio filosofico i codici delle nazioni e i loro annali, troverà quasi sempre i nomi di vizio e di virtù, di buon cittadino o di reo cambiarsi con le rivoluzioni dei secoli, non in ragione delle mutazioni che accadono nelle circostanze dei paesi, e per conseguenza sempre conformi all'interesse comune, ma in ragione delle passioni e degli errori che successivamente agitarono i differenti legislatori. Vedrà bene spesso che le passioni di un secolo sono la base della morale dei secoli futuri, che le passioni forti, figlie del fanatismo e dell'entusiasmo, indebolite e rose, dirò così, dal tempo, che riduce tutti i fenomeni fisici e morali all'equilibrio, diventano a poco a poco la prudenza del secolo e lo strumento utile in mano del forte e dell'accorto. In questo modo nacquero le oscurissime nozioni di onore e di virtù, e tali sono perché si cambiano con le rivoluzioni del tempo che fa sopravvivere i nomi alle cose, si cambiano coi fiumi e con le montagne che sono bene spesso i confini, non solo della fisica, ma della morale geografia.

Se il piacere e il dolore sono i motori degli esseri sensibili, se tra i motivi che spingono gli uomini anche alle più sublimi operazioni, furono destinati dall'invisibile legislatore il premio e la pena, dalla inesatta distribuzione di queste ne nascerà quella tanto meno osservata contraddizione, quanto più comune, che le pene puniscano i delitti che hanno fatto nascere. Se una pena uguale è destinata a due delitti che disugualmente offendono la società, gli uomini non troveranno un più forte ostacolo per commettere il maggior delitto, se con esso vi trovino unito un maggior vantaggio.

ERRORI NELLA MISURA DELLE PENE

Le precedenti riflessioni mi danno il diritto di asserire che l'unica e vera misura dei delitti è il danno fatto alla nazione, e però errarono coloro che credettero vera misura dei delitti l'intenzione di chi gli commette. Questa dipende dalla impressione attuale degli oggetti e dalla precedente disposizione della mente: esse variano in tutti gli uomini e in ciascun uomo, con la velocissima successione delle idee, delle passioni e delle circostanze. Sarebbe dunque necessario formare non solo un codice particolare per ciascun cittadino, ma una nuova legge ad ogni delitto. Qualche volta gli uomini con la migliore intenzione fanno il maggior male alla società; e alcune altre volte con la più cattiva volontà ne fanno il maggior bene.

Altri misurano i delitti più dalla dignità della persona offesa che dalla loro importanza riguardo al ben pubblico. Se questa fosse la vera misura dei delitti, una irriverenza all'Essere degli esseri dovrebbe più atrocemente punirsi che l'assassinio d'un monarca, la superiorità della natura essendo un infinito compenso alla differenza dell'offesa.

Finalmente alcuni pensarono che la gravezza del peccato entrasse nella misura dei delitti. La fallacia di questa opinione risalterà agli occhi d'un indifferente esaminatore dei veri rapporti tra uomini e uomini, e tra uomini e Dio. I primi sono rapporti di uguaglianza. La sola necessità ha fatto nascere dall'urto delle passioni e dalle opposizioni degl'interessi l'idea della utilità comune, che è la base della giustizia umana; i secondi sono rapporti di dipendenza da un Essere perfetto e creatore, che si è riservato a sé solo il diritto di essere legislatore e giudice nel medesimo tempo, perché egli solo può esserlo senza inconveniente. Se ha stabilito pene eterne a chi disobbedisce alla sua onnipotenza, qual sarà l'insetto che oserà supplire alla divina giustizia, che vorrà vendicare l'Essere che basta a se stesso, che non può ricevere dagli oggetti impressione alcuna di piacere o di dolore, e che solo tra tutti gli esseri agisce senza reazione? La gravezza del peccato dipende dalla imperscrutabile malizia del cuore. Questa da esseri finiti non può senza rivelazione sapersi. Come dunque da questa si prenderà norma per punire i delitti? Potrebbono in questo caso gli uomini punire quando Iddio perdona, e perdonare quando Iddio punisce. Se gli uomini possono essere in contraddizione coll'Onnipossente nell'offenderlo, possono anche esserlo col punire.

DIVISIONE DEI DELITTI

Abbiamo visto qual sia la vera misura dei delitti, cioè il danno della società. Questa è una di quelle palpabili verità che, quantunque non abbiano bisogno né di quadranti, né di telescopi per essere scoperte, ma siano alla portata di ciascun mediocre intelletto, pure per una meravigliosa combinazione di circostanze non sono con decisa sicurezza conosciute che da alcuni pochi pensatori, uomini d'ogni nazione e d'ogni secolo. Ma le opinioni asiatiche, ma le passioni vestite d'autorità e di potere hanno, la maggior parte delle volte per insensibili spinte, alcune poche per violente impressioni sulla timida credulità degli uomini, dissipate le semplici nozioni, che forse formavano la prima filosofia delle nascenti società ed a cui la luce di questo secolo sembra che ci riconduca, con quella maggior fermezza però che può essere somministrata da un esame geometrico, da mille funeste esperienze e dagli ostacoli medesimi. Or l'ordine ci condurrebbe ad esaminare e distinguere tutte le differenti sorte di delitti e la maniera di punirgli, se la variabile natura di essi per le diverse circostanze dei secoli e dei luoghi non ci obbligasse ad un dettaglio immenso e noioso. Mi basterà indicare i principii più generali e gli errori più funesti e comuni per disingannare sì quelli che per un mal inteso amore di libertà vorrebbero introdurre l'anarchia, come coloro che amerebbero ridurre gli uomini ad una claustrale regolarità.

Alcuni delitti distruggono immediatamente la società, o chi la rappresenta; alcuni offendono la privata sicurezza di un cittadino nella vita, nei beni, o nell'onore; alcuni altri sono azioni contrarie a ciò che ciascuno è obbligato dalle leggi di fare, o non fare, in vista del ben pubblico. I primi, che sono i massimi delitti, perché più dannosi, son quelli che chiamansi di lesa maestà. La sola tirannia e l'ignoranza, che confondono i vocaboli e le idee più chiare, possono dar questo nome, e per conseguenza la massima pena, a' delitti di differente natura, e rendere così gli uomini, come in mille altre occasioni, vittime di una parola. Ogni delitto, benché privato, offende la società, ma ogni delitto non ne tenta la immediata distruzione. Le azioni morali, come le fisiche, hanno la loro sfera limitata di attività e sono diversamente circoscritte, come tutti i movimenti di natura, dal tempo e dallo spazio; e però la sola cavillosa interpretazione, che è per l'ordinario la filosofia della schiavitù, può confondere ciò che dall'eterna verità fu con immutabili rapporti distinto.

Dopo questi seguono i delitti contrari alla sicurezza di ciascun particolare. Essendo questo il fine primario di ogni legittima associazione, non può non assegnarsi alla violazione del dritto di sicurezza acquistato da ogni cittadino alcuna delle pene più considerabili stabilita dalle leggi.

L'opinione che ciascun cittadino deve avere di poter fare tutto ciò che non è contrario alle leggi senza temerne altro inconveniente che quello che può nascere dall'azione medesima, questo è il dogma politico che dovrebbe essere dai popoli creduto e dai supremi magistrati con la incorrotta custodia delle leggi predicato; sacro dogma, senza di cui non vi può essere legittima società, giusta ricompensa del sacrificio fatto dagli uomini di quell'azione universale su tutte le cose che è comune ad ogni essere sensibile, e limitata soltanto dalle proprie forze. Questo forma le libere anime e vigorose e le menti rischiaratrici, rende gli uomini virtuosi, ma di quella virtù che sa resistere al timore, e non di quella pieghevole prudenza, degna solo di chi può soffrire un'esistenza precaria ed incerta. Gli attentati dunque contro la sicurezza e libertà dei cittadini sono uno dei maggiori delitti, e sotto questa classe cadono non solo gli assassinii e i furti degli uomini plebei, ma quelli ancora dei grandi e dei magistrati, l'influenza dei quali agisce ad una maggior distanza e con maggior vigore, distruggendo nei sudditi le idee di giustizia e di dovere, e sostituendo quella del diritto del più forte, pericoloso del pari in chi lo esercita e in chi lo soffre.

DELL'ONORE

V'è una contraddizione rimarcabile fra le leggi civili, gelose custodi più d'ogni altra cosa del corpo e dei beni di ciascun cittadino, e le leggi di ciò che chiamasi onore, che vi preferisce l'opinione. Questa parola onore è una di quelle che ha servito di base a lunghi e brillanti ragionamenti, senza attaccarvi veruna idea fissa e stabile. Misera condizione delle menti umane che le lontanissime e meno importanti idee delle rivoluzioni dei corpi celesti siano con più distinta cognizione presenti che le vicine ed importantissime nozioni morali, fluttuanti sempre e confuse secondo che i venti delle passioni le sospingono e l'ignoranza guidata le riceve e le trasmette! Ma sparirà l'apparente paradosso se si consideri che come gli oggetti troppo vicini agli occhi si confondono, così la troppa vicinanza delle idee morali fa che facilmente si rimescolino le moltissime idee semplici che le compongono, e ne confondano le linee di separazione necessarie allo spirito geometrico che vuol misurare i fenomeni della umana sensibilità. E scemerà del tutto la meraviglia nell'indifferente indagatore delle cose umane, che sospetterà non esservi per avventura bisogno di tanto apparato di morale, né di tanti legami per render gli uomini felici e sicuri.

Quest'onore dunque è una di quelle idee complesse che sono un aggregato non solo d'idee semplici, ma d'idee parimente complicate, che nel vario affacciarsi alla mente ora ammettono ed ora escludono alcuni dei diversi elementi che le compongono; né conservano che alcune poche idee comuni, come più quantità complesse algebriche ammettono un comune divisore. Per trovar questo comune divisore nelle varie idee che gli uomini si formano dell'onore è necessario gettar rapidamente un colpo d'occhio sulla formazione delle società. Le prime leggi e i primi magistrati nacquero dalla necessità di riparare ai disordini del fisico dispotismo di ciascun uomo; questo fu il fine istitutore della società, e questo fine primario si è sempre conservato, realmente o in apparenza, alla testa di tutti i codici, anche distruttori; ma

28

l'avvicinamento degli uomini e il progresso delle loro cognizioni hanno fatto nascere una infinita serie di azioni e di bisogni vicendevoli gli uni verso gli altri, sempre superiori alla provvidenza delle leggi ed inferiori all'attuale potere di ciascuno. Da quest'epoca cominciò il dispotismo della opinione, che era l'unico mezzo di ottenere dagli altri quei beni, e di allontanarne quei mali, ai quali le leggi non erano sufficienti a provvedere. E l'opinione è quella che tormenta il saggio ed il volgare, che ha messo in credito l'apparenza della virtù al di sopra della virtù stessa, che fa diventar missionario anche lo scellerato, perché vi trova il proprio interesse. Quindi i suffragi degli uomini divennero non solo utili, ma necessari, per non cadere al disotto del comune livello. Quindi se l'ambizioso gli conquista come utili, se il vano va mendicandoli come testimoni del proprio merito, si vede l'uomo d'onore esigerli come necessari. Quest'onore è una condizione che moltissimi uomini mettono alla propria esistenza. Nato dopo la formazione della società, non poté esser messo nel comune deposito, anzi è un istantaneo ritorno nello stato naturale e una sottrazione momentanea della propria persona da quelle leggi che in quel caso non difendono bastantemente un cittadino.

Quindi e nell'estrema libertà politica e nella estrema dipendenza spariscono le idee dell'onore, o si confondono perfettamente con altre: perché nella prima il dispotismo delle leggi rende inutile la ricerca degli altrui suffragi; nella seconda, perché il dispotismo degli uomini, annullando l'esistenza civile, gli riduce ad una precaria e momentanea personalità. L'onore è dunque uno dei principii fondamentali di quelle monarchie che sono un dispotismo sminuito, e in esse sono quello che negli stati dispotici le rivoluzioni, un momento di ritorno nello stato di natura, ed un ricordo al padrone dell'antica uguaglianza.

DEI DUELLI

Da questa necessità degli altrui suffragi nacquero i duelli privati, ch'ebbero appunto la loro origine nell'anarchia delle leggi. Si pretendono sconosciuti all'antichità, forse perché gli antichi non si radunavano sospettosamente armati nei tempi, nei teatri e cogli amici; forse perché il duello era uno spettacolo ordinario e comune che i gladiatori schiavi ed avviliti davano al popolo, e gli uomini liberi sdegnavano d'esser creduti e chiamati gladiatori coi privati combattimenti. Invano gli editti di morte contro chiunque accetta un duello hanno cercato estirpare questo costume, che ha il suo fondamento in ciò che alcuni uomini temono più che la morte, poiché privandolo degli altrui suffragi, l'uomo d'onore si prevede esposto o a divenire un essere meramente solitario, stato insoffribile ad un uomo socievole, ovvero a divenire il bersaglio degl'insulti e dell'infamia, che con la ripetuta loro azione prevalgono al pericolo della pena. Per qual motivo il minuto popolo non duella per lo più come i grandi? Non solo perché è disarmato, ma perché la necessità degli altrui suffragi è meno comune nella plebe che in coloro che, essendo più elevati, si guardano con maggior sospetto e gelosia.

Non è inutile il ripetere ciò che altri hanno scritto, cioè che il miglior metodo di prevenire questo delitto è di punire l'aggressore, cioè chi ha dato occasione al duello, dichiarando innocente chi senza sua colpa è stato costretto a difendere ciò che le leggi attuali non assicurano, cioè l'opinione, ed ha dovuto mostrare a' suoi concittadini ch'egli teme le sole leggi e non gli uomini.

DELLA TRANQUILLITÀ PUBBLICA

Finalmente, tra i delitti della terza specie sono particolarmente quelli che turbano la pubblica tranquillità e la quiete dei cittadini, come gli strepiti e i bagordi nelle pubbliche vie destinate al commercio ed al passeggio dei cittadini, come i fanatici sermoni, che eccitano le facili passioni della curiosa moltitudine, le quali prendono forza dalla frequenza degli uditori e più dall'oscuro e misterioso entusiasmo che dalla chiara e tranquilla ragione, la quale mai non opera sopra una gran massa d'uomini.

La notte illuminata a pubbliche spese, le guardie distribuite ne' differenti quartieri della città, i semplici e morali discorsi della religione riserbati al silenzio ed alla sacra tranquillità dei tempii protetti dall'autorità pubblica, le arringhe destinate a sostenere gl'interessi privati e pubblici nelle adunanze della nazione, nei parlamenti o dove risieda la maestà del sovrano, sono tutti mezzi efficaci per prevenire il pericoloso addensamento delle popolari passioni. Questi formano un ramo principale della vigilanza del magistrato, che i francesi chiamano della police; ma se questo magistrato operasse con leggi arbitrarie e non stabilite da un codice che giri fra le mani di tutti i cittadini, si apre una porta alla tirannia, che sempre circonda tutti i confini della libertà politica. Io non trovo eccezione alcuna a quest'assioma generale, che ogni cittadino deve sapere quando sia reo o quando sia innocente. Se i censori, e in genere i magistrati arbitrari, sono necessari in qualche governo, ciò nasce dalla debolezza della sua costituzione, e non dalla natura di governo bene organizzato. L'incertezza della propria sorte ha sacrificate più vittime all'oscura tirannia che non la pubblica e solenne crudeltà. Essa rivolta gli animi più che non gli avvilisce. Il vero tiranno comincia sempre dal regnare sull'opinione, che previene il coraggio, il quale solo può risplendere o nella chiara luce della verità, o nel fuoco delle passioni, o nell'ignoranza del pericolo.

Ma quali saranno le pene convenienti a questi delitti? La morte è ella una pena veramente utile e necessaria per la sicurezza e pel buon ordine della società? La tortura e i tormenti sono giusti per loro, e ottengono il fine che si propongono le leggi? Qual è la miglior maniera di prevenire i delitti? Le medesime pene sono elleno ugualmente utili in tutt'i tempi? Qual influenza hanno esse su i costumi? Questi problemi meritano di essere sciolti con quella precisione geometrica a cui la nebbia dei sofismi, la seduttrice eloquenza ed il timido dubbio non possono resistere. Se io non avessi altro merito che quello di aver presentato il primo all'Italia con qualche maggior evidenza ciò che altre nazioni hanno osato scrivere e cominciano a praticare, io mi stimerei fortunato; ma se sostenendo i diritti degli uomini e dell'invincibile verità contribuissi a strappare dagli spasimi e dalle angosce della morte qualche vittima sfortunata della tirannia o dell'ignoranza, ugualmente fatale, le benedizioni e le lacrime anche d'un solo innocente nei trasporti della gioia mi consolerebbero dal disprezzo degli uomini.

FINE DELLE PENE

Dalla semplice considerazione delle verità fin qui esposte egli
è evidente che il fine delle pene non è di tormentare ed
affliggere un essere sensibile, né di disfare un delitto già
commesso. Può egli in un corpo politico, che, ben lungi di
agire per passione, è il tranquillo moderatore delle passioni
particolari, può egli albergare questa inutile crudeltà strumento
del furore e del fanatismo o dei deboli tiranni? Le strida di un
infelice richiamano forse dal tempo che non ritorna le azioni
già consumate? Il fine dunque non è altro che d'impedire il reo
dal far nuovi danni ai suoi cittadini e di rimuovere gli altri dal
farne uguali. Quelle pene dunque e quel metodo d'infliggerle
deve esser prescelto che, serbata la proporzione, farà una
impressione più efficace e più durevole sugli animi degli
uomini, e la meno tormentosa sul corpo del reo.

DEI TESTIMONI

Egli è un punto considerabile in ogni buona legislazione il determinare esattamente la credibilità dei testimoni e le prove del reato. Ogni uomo ragionevole, cioè che abbia una certa connessione nelle proprie idee e le di cui sensazioni siano conformi a quelle degli altri uomini, può essere testimonio. La vera misura della di lui credibilità non è che l'interesse ch'egli ha di dire o non dire il vero, onde appare frivolo il motivo della debolezza nelle donne, puerile l'applicazione degli effetti della morte reale alla civile nei condannati, ed incoerente la nota d'infamia negl'infami quando non abbiano alcun interesse di mentire. La credibilità dunque deve sminuirsi a proporzione dell'odio, o dell'amicizia, o delle strette relazioni che passano tra lui e il reo. Più d'un testimonio è necessario, perché fintanto che uno asserisce e l'altro nega niente v'è di certo e prevale il diritto che ciascuno ha d'essere creduto innocente. La credibilità di un testimonio diviene tanto sensibilmente minore quanto più cresce l'atrocità di un delitto o l'inverosimile delle circostanze; tali sono per esempio la magia e le azioni gratuitamente crudeli. Egli è più probabile che più uomini mentiscano nella prima accusa, perché è più facile che si combini in più uomini o l'illusione dell'ignoranza o l'odio persecutore di quello che un uomo eserciti una potestà che Dio o non ha dato, o ha tolto ad ogni essere creato. Parimente nella seconda, perché l'uomo non è crudele che a proporzione del proprio interesse, dell'odio o del timore concepito. Non v'è propriamente alcun sentimento superfluo nell'uomo; egli è sempre proporzionale al risultato delle impressioni fatte su i sensi. Parimente la credibilità di un testimonio può essere alcuna volta sminuita, quand'egli sia membro d'alcuna società privata di cui gli usi e le massime siano o non ben conosciute o diverse dalle pubbliche. Un tal uomo ha non solo le proprie, ma le altrui passioni.

Finalmente è quasi nulla la credibilità del testimonio quando si faccia delle parole un delitto, poiché il tuono, il gesto, tutto ciò che precede e ciò che segue le differenti idee che gli uomini

34

attaccano alle stesse parole, alterano e modificano in maniera i detti di un uomo che è quasi impossibile il ripeterle quali precisamente furono dette. Di più, le azioni violenti e fuori dell'uso ordinario, quali sono i veri delitti, lasciano traccia di sé nella moltitudine delle circostanze e negli effetti che ne derivano, ma le parole non rimangono che nella memoria per lo più infedele e spesso sedotta degli ascoltanti. Egli è dunque di gran lunga più facile una calunnia sulle parole che sulle azioni di un uomo, poiché di queste, quanto maggior numero di circostanze si adducono in prova, tanto maggiori mezzi si somministrano al reo per giustificarsi.

INDIZI, E FORME DI GIUDIZI

Vi è un teorema generale molto utile a calcolare la certezza di un fatto, per esempio la forza degl'indizi di un reato. Quando le prove di un fatto sono dipendenti l'una dall'altra, cioè quando gl'indizi non si provano che tra di loro, quanto maggiori prove si adducono tanto è minore la probabilità del fatto, perché i casi che farebbero mancare le prove antecedenti fanno mancare le susseguenti. Quando le prove di un fatto tutte dipendono ugualmente da una sola, il numero delle prove non aumenta né sminuisce la probabilità del fatto, perché tutto il loro valore si risolve nel valore di quella sola da cui dipendono. Quando le prove sono indipendenti l'una dall'altra, cioè quando gli indizi si provano d'altronde che da se stessi, quanto maggiori prove si adducono, tanto più cresce la probabilità del fatto, perché la fallacia di una prova non influisce sull'altra. Io parlo di probabilità in materia di delitti, che per meritar pena debbono esser certi. Ma svanirà il paradosso per chi considera che rigorosamente la certezza morale non è che una probabilità, ma probabilità tale che è chiamata certezza, perché ogni uomo di buon senso vi acconsente necessariamente per una consuetudine nata dalla necessità di agire, ed anteriore ad ogni speculazione; la certezza che si richiede per accertare un uomo reo è dunque quella che determina ogni uomo nelle operazioni più importanti della vita. Possono distinguersi le prove di un reato in perfette ed in imperfette. Chiamo perfette quelle che escludono la possibilità che un tale non sia reo, chiamo imperfette quelle che non la escludono. Delle prime anche una sola è sufficiente per la condanna, delle seconde tante son necessarie quante bastino a formarne una perfetta, vale a dire che se per ciascuna di queste in particolare è possibile che uno non sia reo, per l'unione loro nel medesimo soggetto è impossibile che non lo sia. Si noti che le prove imperfette delle quali può il reo giustificarsi e non lo faccia a dovere divengono perfette. Ma questa morale certezza di prove è più facile il sentirla che l'esattamente definirla. Perciò io credo ottima legge quella che stabilisce assessori al giudice principale presi dalla sorte, e non dalla scelta, perché in questo caso è più sicura l'ignoranza che giudica per sentimento che la scienza che giudica per opinione. Dove le leggi siano chiare e precise l'officio di un giudice non consiste in altro che di accertare un fatto. Se nel cercare le prove di un delitto richiedesi abilità e destrezza, se nel presentarne il risultato è necessario chiarezza e precisione, per giudicarne dal risultato medesimo non vi si richiede che un semplice ed ordinario buon senso, meno fallace che il sapere di un giudice assuefatto a voler trovar rei e che tutto riduce ad un sistema fattizio imprestato da' suoi studi. Felice quella nazione dove le leggi non fossero una scienza! Ella è utilissima legge quella che ogni uomo sia giudicato dai suoi pari, perché, dove si tratta della libertà e della fortuna di un cittadino, debbono tacere quei sentimenti che inspira la disuguaglianza; e quella superiorità con cui l'uomo fortunato guarda l'infelice, e quello sdegno con cui l'inferiore guarda il superiore, non possono agire in questo giudizio. Ma quando il delitto sia un'offesa di un terzo, allora i giudici dovrebbero essere metà pari del reo, metà pari dell'offeso; così, essendo bilanciato ogni interesse privato che modifica anche involontariamente le apparenze degli oggetti, non parlano che le leggi e la verità. Egli è ancora conforme alla giustizia che il reo escluder possa fino ad un certo segno coloro che gli sono sospetti; e ciò concessoli senza contrasto per alcun tempo, sembrerà quasi che il reo si condanni da se stesso. Pubblici siano i giudizi, e pubbliche le prove del reato, perché l'opinione, che è forse il solo cemento delle società, imponga un freno alla forza ed alle passioni, perché il popolo dica noi non siamo schiavi e siamo difesi, sentimento che inspira coraggio e che equivale ad un tributo per un sovrano

37

che intende i suoi veri interessi. Io non accennerò altri dettagli e cautele che richiedono simili istituzioni. Niente avrei detto, se fosse necessario dir tutto.

ACCUSE SEGRETE

Evidenti, ma consacrati disordini, e in molte nazioni resi necessari per la debolezza della costituzione, sono le accuse segrete. Un tal costume rende gli uomini falsi e coperti. Chiunque può sospettare di vedere in altrui un delatore, vi vede un inimico. Gli uomini allora si avvezzano a mascherare i propri sentimenti, e, coll'uso di nascondergli altrui, arrivano finalmente a nascondergli a loro medesimi. Infelici gli uomini quando son giunti a questo segno: senza principii chiari ed immobili che gli guidino, errano smarriti e fluttuanti nel vasto mare delle opinioni, sempre occupati a salvarsi dai mostri che gli minacciano; passano il momento presente sempre amareggiato dalla incertezza del futuro; privi dei durevoli piaceri della tranquillità e sicurezza, appena alcuni pochi di essi sparsi qua e là nella trista loro vita, con fretta e con disordine divorati, gli consolano d'esser vissuti. E di questi uomini faremo noi gl'intrepidi soldati difensori della patria o del trono? E tra questi troveremo gl'incorrotti magistrati che con libera e patriottica eloquenza sostengano e sviluppino i veri interessi del sovrano, che portino al trono coi tributi l'amore e le benedizioni di tutti i ceti d'uomini, e da questo rendano ai palagi ed alle capanne la pace, la sicurezza e l'industriosa speranza di migliorare la sorte, utile fermento e vita degli stati?

Chi può difendersi dalla calunnia quand'ella è armata dal più forte scudo della tirannia, il segreto? Qual sorta di governo è mai quella ove chi regge sospetta in ogni suo suddito un nemico ed è costretto per il pubblico riposo di toglierlo a ciascuno?

Quali sono i motivi con cui si giustificano le accuse e le pene segrete? La salute pubblica, la sicurezza e il mantenimento della forma di governo? Ma quale strana costituzione, dove chi ha per sé la forza, e l'opinione più efficace di essa, teme d'ogni cittadino? L'indennità dell'accusatore? Le leggi dunque non lo difendono abbastanza. E vi saranno dei sudditi più forti del sovrano! L'infamia del delatore? Dunque si autorizza la calunnia segreta e si punisce la pubblica! La natura del delitto? Se le azioni indifferenti, se anche le utili al pubblico si chiamano delitti, le accuse e i giudizi non sono mai abbastanza segreti. Vi possono essere delitti, cioè pubbliche offese, e che nel medesimo tempo non sia interesse di tutti la pubblicità dell'esempio, cioè quella del giudizio? Io rispetto ogni governo, e non parlo di alcuno in particolare; tale è qualche volta la natura delle circostanze che può credersi l'estrema rovina il togliere un male allora quando ei sia inerente al sistema di una nazione; ma se avessi a dettar nuove leggi, in qualche angolo abbandonato dell'universo, prima di autorizzare un tale costume, la mano mi tremerebbe, e avrei tutta la posterità dinanzi agli occhi.

È già stato detto dal Signor di Montesquieu che le pubbliche accuse sono più conformi alla repubblica, dove il pubblico bene formar dovrebbe la prima passione dei cittadini, che nella monarchia, dove questo sentimento è debolissimo per la natura medesima del governo, dove è ottimo stabilimento il destinare dei commissari, che in nome pubblico accusino gli infrattori delle leggi. Ma ogni governo, e repubblicano e monarchico, deve al calunniatore dare la pena che toccherebbe all'accusato.

DELLA TORTURA

Una crudeltà consacrata dall'uso nella maggior parte delle nazioni è la tortura del reo mentre si forma il processo, o per costringerlo a confessare un delitto, o per le contraddizioni nelle quali incorre, o per la scoperta dei complici, o per non so quale metafisica ed incomprensibile purgazione d'infamia, o finalmente per altri delitti di cui potrebbe esser reo, ma dei quali non è accusato.

Un uomo non può chiamarsi reo prima della sentenza del giudice, né la società può toglierli la pubblica protezione, se non quando sia deciso ch'egli abbia violati i patti coi quali le fu accordata. Quale è dunque quel diritto, se non quello della forza, che dia la podestà ad un giudice di dare una pena ad un cittadino, mentre si dubita se sia reo o innocente? Non è nuovo questo dilemma: o il delitto è certo o incerto; se certo, non gli conviene altra pena che la stabilita dalle leggi, ed inutili sono i tormenti, perché inutile è la confessione del reo; se è incerto, e' non deve si tormentare un innocente, perché tale è secondo le leggi un uomo i di cui delitti non sono provati. Ma io aggiungo di più, ch'egli è un voler confondere tutt'i rapporti l'esigere che un uomo sia nello stesso tempo accusatore ed accusato, che il dolore divenga il crogiolo della verità, quasi che il criterio di essa risieda nei muscoli e nelle fibre di un miserabile. Questo è il mezzo sicuro di assolvere i robusti scellerati e di condannare i deboli innocenti. Ecco i fatali inconvenienti di questo preteso criterio di verità, ma criterio degno di un cannibale, che i Romani, barbari anch'essi per più d'un titolo, riserbavano ai soli schiavi, vittime di una feroce e troppo lodata virtù.

Qual è il fine politico delle pene? Il terrore degli altri uomini. Ma qual giudizio dovremo noi dare delle segrete e private carneficine, che la tirannia dell'uso esercita su i rei e sugl'innocenti? Egli è importante che ogni delitto palese non sia impunito, ma è inutile che si accerti chi abbia commesso un delitto, che sta sepolto nelle tenebre. Un male già fatto, ed a cui non v'è rimedio, non può esser punito dalla società politica che quando influisce sugli altri con la lusinga dell'impunità. S'egli è vero che sia maggiore il numero degli uomini che o per timore, o per virtù, rispettano le leggi che di quelli che le infrangono, il rischio di tormentare un innocente deve valutarsi tanto di più, quanto è maggiore la probabilità che un uomo a dati uguali le abbia piuttosto rispettate che disprezzate.

Un altro ridicolo motivo della tortura è la purgazione dell'infamia, cioè un uomo giudicato infame dalle leggi deve confermare la sua deposizione collo slogamento delle sue ossa. Quest'abuso non dovrebbe esser tollerato nel diciottesimo secolo. Si crede che il dolore, che è una sensazione, purghi l'infamia, che è un mero rapporto morale. È egli forse un crogiolo? E l'infamia è forse un corpo misto impuro? Non è difficile il rimontare all'origine di questa ridicola legge, perché gli assurdi stessi che sono da una nazione intera adottati hanno sempre qualche relazione ad altre idee comuni e rispettate dalla nazione medesima. Sembra quest'uso preso dalle idee religiose e spirituali, che hanno tanta influenza su i pensieri degli uomini, su le nazioni e su i secoli. Un dogma infallibile ci assicura che le macchie contratte dall'umana debolezza e che non hanno meritata l'ira eterna del grand'Essere, debbono da un fuoco incomprensibile esser purgate; ora l'infamia è una macchia civile, e come il dolore ed il fuoco tolgono le macchie spirituali ed incorporee, perché gli spasimi della tortura non toglieranno la macchia civile che è l'infamia? Io credo che la confessione del reo, che in alcuni tribunali si esige come essenziale alla condanna, abbia una origine non dissimile, perché nel misterioso tribunale di penitenza la confessione dei peccati è parte essenziale del sacramento. Ecco come gli uomini abusano dei lumi più sicuri della rivelazione; e siccome questi sono i soli che sussistono nei tempi d'ignoranza, così ad essi ricorre la docile umanità in tutte le occasioni e ne fa le più assurde e lontane applicazioni. Ma l'infamia è un sentimento non soggetto né alle leggi né alla ragione, ma alla opinione comune. La tortura medesima cagiona una reale infamia a chi ne è la vittima. Dunque con questo metodo si toglierà l'infamia dando l'infamia.

Il terzo motivo è la tortura che si dà ai supposti rei quando nel loro esame cadono in contraddizione, quasi che il timore della pena, l'incertezza del giudizio, l'apparato e la maestà del giudice, l'ignoranza, comune a quasi tutti gli scellerati e agl'innocenti, non debbano probabilmente far cadere in contraddizione e l'innocente che teme e il reo che cerca di coprirsi; quasi che le contraddizioni, comuni agli uomini quando sono tranquilli, non debbano moltiplicarsi nel turbamento dell'animo tutto assorbito nel pensiero di salvarsi dall'imminente pericolo.

Questo infame crogiolo della verità è un monumento ancora esistente dell'antica e selvaggia legislazione, quando erano chiamati giudizi di Dio le prove del fuoco e dell'acqua bollente e l'incerta sorte dell'armi, quasi che gli anelli dell'eterna catena, che è nel seno della prima cagione, dovessero ad ogni momento essere disordinati e sconnessi per li frivoli stabilimenti umani. La sola differenza che passa fra la tortura e le prove del fuoco e dell'acqua bollente, è che l'esito della prima sembra dipendere dalla volontà del reo, e delle seconde da un fatto puramente fisico ed estrinseco: ma questa differenza è solo apparente e non reale. È così poco libero il dire la verità fra gli spasimi e gli strazi, quanto lo era allora l'impedire senza frode gli effetti del fuoco e dell'acqua bollente. Ogni atto della nostra volontà è sempre proporzionato alla forza della impressione sensibile, che ne è la sorgente; e la sensibilità di ogni uomo è limitata. Dunque l'impressione del dolore può crescere a segno che, occupandola tutta, non lasci alcuna libertà al torturato che di scegliere la strada più corta per il momento presente, onde sottrarsi di pena. Allora la risposta del reo è così necessaria come le impressioni del fuoco o dell'acqua. Allora l'innocente sensibile si chiamerà reo, quando egli creda con ciò di far cessare il tormento. Ogni differenza tra essi sparisce per quel mezzo medesimo, che si pretende impiegato per ritrovarla. È superfluo di raddoppiare il lume citando gl'innumerabili esempi d'innocenti che rei si confessarono per gli spasimi della tortura: non vi è nazione, non vi è età che non citi i suoi, ma né gli uomini si cangiano, né cavano conseguenze. Non vi è uomo che abbia spinto le sue idee di là dei bisogni della vita, che qualche volta non corra verso natura, che con segrete e confuse voci a sé lo chiama; l'uso, il tiranno delle menti, lo respinge e lo spaventa. L'esito dunque della tortura è un affare di temperamento e di calcolo, che varia in ciascun uomo in proporzione della sua robustezza e della sua sensibilità; tanto che con questo metodo un matematico scioglierebbe meglio che un giudice questo problema: data la forza dei muscoli e la sensibilità delle fibre d'un innocente, trovare il grado di dolore che lo farà confessar reo di un dato delitto.

L'esame di un reo è fatto per conoscere la verità, ma se questa verità difficilmente scoperta all'aria, al gesto, alla fisonomia d'un uomo tranquillo, molto meno scoprirà in un uomo in cui le convulsioni del dolore alterano tutti i segni, per i quali dal volto della maggior parte degli uomini traspira qualche volta, loro malgrado, la verità. Ogni azione violenta confonde e fa sparire le minime differenze degli oggetti per cui si distingue talora il vero dal falso.

Queste verità sono state conosciute dai romani legislatori, presso i quali non trovasi usata alcuna tortura che su i soli schiavi, ai quali era tolta ogni personalità; queste dall'Inghilterra, nazione in cui la gloria delle lettere, la superiorità del commercio e delle ricchezze, e perciò della potenza, e gli esempi di virtù e di coraggio non ci lasciano dubitare della bontà delle leggi. La tortura è stata abolita nella Svezia, abolita da uno dei più saggi monarchi dell'Europa, che avendo portata la filosofia sul trono, legislatore amico dei suoi sudditi, gli ha resi uguali e liberi nella dipendenza delle leggi, che è la sola uguaglianza e libertà che possono gli uomini ragionevoli esigere nelle presenti combinazioni di cose. La tortura non è creduta necessaria dalle leggi degli eserciti composti per la maggior parte della feccia delle nazioni, che sembrerebbero perciò doversene più d'ogni altro ceto servire.

Strana cosa, per chi non considera quanto sia grande la tirannia dell'uso, che le pacifiche leggi debbano apprendere dagli animi induriti alle stragi ed al sangue il più umano metodo di giudicare.

Questa verità è finalmente sentita, benché confusamente, da quei medesimi che se ne allontanano. Non vale la confessione fatta durante la tortura se non è confermata con giuramento dopo cessata quella, ma se il reo non conferma il delitto è di nuovo torturato. Alcuni dottori ed alcune nazioni non permettono questa infame petizione di principio che per tre volte; altre nazioni ed altri dottori la lasciano ad arbitrio del giudice: talché di due uomini ugualmente innocenti o ugualmente rei, il robusto ed il coraggioso sarà assoluto, il fiacco ed il timido condannato in vigore di questo esatto raziocinio: Io giudice doveva trovarvi rei di un tal delitto; tu vigoroso hai saputo resistere al dolore, e però ti assolvo; tu debole vi hai ceduto, e però ti condanno. Sento che la confessione strappatavi fra i tormenti non avrebbe alcuna forza, ma io vi tormenterò di nuovo se non confermerete ciò che avete confessato.

Una strana conseguenza che necessariamente deriva dall'uso della tortura è che l'innocente è posto in peggiore condizione che il reo; perché, se entrambi siano applicati al tormento, il primo ha tutte le combinazioni contrarie, perché o confessa il delitto, ed è condannato, o è dichiarato innocente, ed ha sofferto una pena indebita; ma il reo ha un caso favorevole per sé, cioè quando, resistendo alla tortura con fermezza, deve essere assoluto come innocente; ha cambiato una pena maggiore in una minore. Dunque l'innocente non può che perdere e il colpevole può guadagnare.

La legge che comanda la tortura è una legge che dice: Uomini, resistete al dolore, e se la natura ha creato in voi uno inestinguibile amor proprio, se vi ha dato un inalienabile diritto alla vostra difesa, io creo in voi un affetto tutto contrario, cioè un eroico odio di voi stessi, e vi comando di accusare voi medesimi, dicendo la verità anche fra gli strappamenti dei muscoli e gli slogamenti delle ossa.

Si da la tortura per scoprire se il reo lo è di altri delitti fuori di quelli di cui è accusato, il che equivale a questo raziocinio: Tu sei reo di un delitto, dunque è possibile che lo sii di cent'altri delitti; questo dubbio mi pesa, voglio accertarmene col mio criterio di verità; le leggi ti tormentano, perché sei reo, perché puoi esser reo, perché voglio che tu sii reo.

Finalmente la tortura è data ad un accusato per scoprire i complici del suo delitto; ma se è dimostrato che ella non è un mezzo opportuno per scoprire la verità, come potrà ella servire a svelare i complici, che è una delle verità da scoprirsi? Quasi che l'uomo che accusa se stesso non accusi più facilmente gli altri. È egli giusto tormentar gli uomini per l'altrui delitto? Non si scopriranno i complici dall'esame dei testimoni, dall'esame del reo, dalle prove e dal corpo del delitto, in somma da tutti quei mezzi medesimi che debbono servire per accertare il delitto nell'accusato? I complici per lo più fuggono immediatamente dopo la prigionia del compagno, l'incertezza della loro sorte gli condanna da sé sola all'esilio e libera la nazione dal pericolo di nuove offese, mentre la pena del reo che è nelle forze ottiene l'unico suo fine, cioè di rimuover col terrore gli altri uomini da un simile delitto.

DEL FISCO

Fu già un tempo nel quale quasi tutte le pene erano pecuniarie. I delitti degli uomini erano il patrimonio del principe. Gli attentati contro la pubblica sicurezza erano un oggetto di lusso. Chi era destinato a difenderla aveva interesse di vederla offesa. L'oggetto delle pene era dunque una lite tra il fisco (l'esattore di queste pene) ed il reo; un affare civile, contenzioso, privato piuttosto che pubblico, che dava al fisco altri diritti che quelli somministrati dalla pubblica difesa ed al reo altri torti che quelli in cui era caduto, per la necessità dell'esempio. Il giudice era dunque un avvocato del fisco piuttosto che un indifferente ricercatore del vero, un agente dell'erario fiscale anzi che il protettore ed il ministro delle leggi. Ma siccome in questo sistema il confessarsi delinquente era un confessarsi debitore verso il fisco, il che era lo scopo delle procedure criminali d'allora, così la confessione del delitto, e confessione combinata in maniera che favorisse e non facesse torto alle ragioni fiscali, divenne ed è tuttora (gli effetti continuando sempre moltissimo dopo le cagioni) il centro intorno a cui si aggirano tutti gli ordigni criminali. Senz'essa un reo convinto da prove indubitate avrà una pena minore della stabilita, senz'essa non soffrirà la tortura sopra altri delitti della medesima specie che possa aver commessi. Con questa il giudice s'impadronisce del corpo di un reo e lo strazia con metodiche formalità, per cavarne come da un fondo acquistato tutto il profitto che può. Provata l'esistenza del delitto, la confessione fa una prova convincente, e per rendere questa prova meno sospetta cogli spasimi e con la disperazione del dolore a forza si esige nel medesimo tempo che una confessione stragiudiziale tranquilla, indifferente, senza i prepotenti timori di un tormentoso giudizio, non basta alla condanna. Si escludono le ricerche e le prove che rischiarano il fatto, ma che indeboliscono le ragioni del fisco; non è in favore della miseria e della debolezza che si rismi sembrano qualche volta i tormenti ai rei, ma in favore delle ragioni che potrebbe perdere quest'ente ora immaginario ed inconcepibile. Il giudice diviene nemico del reo, di un uomo incatenato, dato in preda allo squallore, ai tormenti, all'avvenire il più terribile; non cerca la verità del fatto, ma cerca nel prigioniero il delitto, e lo insidia, e crede di perdere se non vi riesce, e di far torto a quella infallibilità che l'uomo s'arroga in tutte le cose. Gl'indizi alla cattura sono in potere del giudice; perché uno si provi innocente deve esser prima dichiarato reo: ciò chiamasi fare un processo offensivo, e tali sono quasi in ogni luogo della illuminata Europa nel decimo ottavo secolo le procedure criminali. Il vero processo, l'informativo, cioè la ricerca indifferente del fatto, quello che la ragione comanda, che le leggi militari adoperano, usato dallo stesso asiatico dispotismo nei casi tranquilli ed indifferenti, è pochissimo in uso nei tribunali europei. Qual complicato labirinto di strani assurdi, incredibili senza dubbio alla più felice posterità! I soli filosofi di quel tempo leggeranno nella natura dell'uomo la possibile verificazione di un tale sistema.

DEI GIURAMENTI

Una contraddizione fra le leggi e i sentimenti naturali all'uomo nasce dai giuramenti che si esigono dal reo, acciocché sia un uomo veridico, quando ha il massimo interesse di esser falso; quasi che l'uomo potesse giurar da dovere di contribuire alla propria distruzione, quasi che la religione non tacesse nella maggior parte degli uomini quando parla l'interesse. L'esperienza di tutt'i secoli ha fatto vedere che essi hanno più d'ogni altra cosa abusato di questo prezioso dono del cielo. E per qual motivo gli scellerati la rispetteranno, se gli uomini stimati più saggi l'hanno sovente violata? Troppo deboli, perché troppo remoti dai sensi, sono per il maggior numero i motivi che la religione contrappone al tumulto del timore ed all'amor della vita. Gli affari del cielo si reggono con leggi affatto dissimili da quelle che reggono gli affari umani. E perché comprometter gli uni cogli altri? E perché metter l'uomo nella terribile contraddizione, o di mancare a Dio, o di concorrere alla propria rovina? talché la legge, che obbliga ad un tal giuramento, comanda o di esser cattivo cristiano o martire. Il giuramento diviene a poco a poco una semplice formalità, distruggendosi in questa maniera la forza dei sentimenti di religione, unico pegno dell'onestà della maggior parte degli uomini. Quanto siano inutili i giuramenti lo ha fatto vedere l'esperienza, perché ciascun giudice mi può esser testimonio che nessun giuramento ha mai fatto dire la verità ad alcun reo; lo fa vedere la ragione, che dichiara inutili e per conseguenza dannose tutte le leggi che si oppongono ai naturali sentimenti dell'uomo. Accade ad esse ciò che agli argini opposti direttamente al corso di un fiume: o sono immediatamente abbattuti e soverchiati, o un vortice formato da loro stessi gli corrode e gli mina insensibilmente.

PRONTEZZA DELLA PENA

Quanto la pena sarà più pronta e più vicina al delitto commesso, ella sarà tanto più giusta e tanto più utile. Dico più giusta, perché rismi sembra al reo gli inutili e fieri tormenti dell'incertezza, che crescono col vigore dell'immaginazione e col sentimento della propria debolezza; più giusta, perché la privazione della libertà essendo una pena, essa non può precedere la sentenza se non quando la necessità lo chiede. La carcere è dunque la semplice custodia d'un cittadino finché sia giudicato reo, e questa custodia essendo essenzialmente penosa, deve durare il minor tempo possibile e deve essere meno dura che si possa. Il minor tempo deve essere misurato e dalla necessaria durata del processo e dall'anzianità di chi prima ha un diritto di esser giudicato. La strettezza della carcere non può essere che la necessaria, o per impedire la fuga, o per non occultare le prove dei delitti. Il processo medesimo deve essere finito nel più breve tempo possibile. Qual più crudele contrasto che l'indolenza di un giudice e le angosce d'un reo? I comodi e i piaceri di un insensibile magistrato da una parte e dall'altra le lacrime, lo squallore d'un prigioniero? In generale il peso della pena e la conseguenza di un delitto deve essere la più efficace per gli altri e la meno dura che sia possibile per chi la soffre, perché non si può chiamare legittima società quella dove non sia principio infallibile che gli uomini si siano voluti assoggettare ai minori mali possibili.

Ho detto che la prontezza delle pene è più utile, perché quanto è minore la distanza del tempo che passa tra la pena ed il misfatto, tanto è più forte e più durevole nell'animo umano l'associazione di queste due idee, delitto e pena, talché insensibilmente si considerano uno come cagione e l'altra come effetto necessario immancabile. Egli è dimostrato che l'unione delle idee è il cemento che forma tutta la fabbrica dell'intelletto umano, senza di cui il piacere ed il dolore sarebbero sentimenti isolati e di nessun effetto. Quanto più gli uomini si allontanano dalle idee generali e dai principii universali, cioè quanto più sono volgari, tanto più agiscono per le immediate e più vicine associazioni, trascurando le più remote e complicate, che non servono che agli uomini fortemente appassionati per l'oggetto a cui tendono, poiché la luce dell'attenzione rischiara un solo oggetto, lasciando gli altri oscuri. Servono parimente alle menti più elevate, perché hanno acquistata l'abitudine di scorrere rapidamente su molti oggetti in una volta, ed hanno la facilità di far contrastare molti sentimenti parziali gli uni cogli altri, talché il risultato, che è l'azione, è meno pericoloso ed incerto.

Egli è dunque di somma importanza la vicinanza del delitto e della pena, se si vuole che nelle rozze menti volgari, alla seducente pittura di un tal delitto vantaggioso, immediatamente riscuotasi l'idea associata della pena. Il lungo ritardo non produce altro effetto che di sempre più disgiungere queste due idee, e quantunque faccia impressione il castigo d'un delitto, la fa meno come castigo che come spettacolo, e non la fa che dopo indebolito negli animi degli spettatori l'orrore di un tal delitto particolare, che servirebbe a rinforzare il sentimento della pena.

Un altro principio serve mirabilmente a stringere sempre più l'importante connessione tra 'l misfatto e la pena, cioè che questa sia conforme quanto più si possa alla natura del delitto. Questa analogia facilita mirabilmente il contrasto che deve essere tra la spinta al delitto e la ripercussione della pena, cioè che questa allontani e conduca l'animo ad un fine opposto di quello per dove cerca d'incamminarlo la seducente idea dell'infrazione della legge.

VIOLENZE

Altri delitti sono attentati contro la persona, altri contro le sostanze. I primi debbono infallibilmente esser puniti con pene corporali: né il grande né il ricco debbono poter mettere a prezzo gli attentati contro il debole ed il povero; altrimenti le ricchezze, che sotto la tutela delle leggi sono il premio dell'industria, diventano l'alimento della tirannia. Non vi è libertà ogni qual volta le leggi permettono che in alcuni eventi l'uomo cessi di esser persona e diventi cosa: vedrete allora l'industria del potente tutta rivolta a far sortire dalla folla delle combinazioni civili quelle che la legge gli dà in suo favore. Questa scoperta è il magico segreto che cangia i cittadini in animali di servigio, che in mano del forte è la catena con cui lega le azioni degl'incauti e dei deboli. Questa è la ragione per cui in alcuni governi, che hanno tutta l'apparenza di libertà, la tirannia sta nascosta o s'introduce non prevista in qualche angolo negletto dal legislatore, in cui insensibilmente prende forza e s'ingrandisce. Gli uomini mettono per lo più gli argini più sodi all'aperta tirannia, ma non vedono l'insetto impercettibile che gli rode ed apre una tanto più sicura quanto più occulta strada al fiume inondatore.

PENE DEI NOBILI

Quali saranno dunque le pene dovute ai delitti dei nobili, i privilegi dei quali formano gran parte delle leggi delle nazioni? Io qui non esaminerò se questa distinzione ereditaria tra nobili e plebei sia utile in un governo o necessaria nella monarchia, se egli è vero che formi un potere intermedio, che limiti gli eccessi dei due estremi, o non piuttosto formi un ceto che, schiavo di se stesso e di altrui, racchiude ogni circolazione di credito e di speranza in uno strettissimo cerchio, simile a quelle feconde ed amene isolette che spiccano negli arenosi e vasti deserti d'Arabia, e che, quando sia vero che la disuguaglianza sia inevitabile o utile nelle società, sia vero altresì che ella debba consistere piuttosto nei ceti che negl'individui, fermarsi in una parte piuttosto che circolare per tutto il corpo politico, perpetuarsi piuttosto che nascere e distruggersi incessantemente. Io mi ristringerò alle sole pene dovute a questo rango, asserendo che esser debbono le medesime pel primo e per l'ultimo cittadino. Ogni distinzione sia negli onori sia nelle ricchezze perché sia legittima suppone un'anteriore uguaglianza fondata sulle leggi, che considerano tutti i sudditi come ugualmente dipendenti da esse. Si deve supporre che gli uomini che hanno rinunziato al naturale loro dispotismo abbiano detto: chi sarà più industrioso abbia maggiori onori, e la fama di lui risplenda ne' suoi successori; ma chi è più felice o più onorato speri di più, ma non tema meno degli altri di violare quei patti coi quali è sopra gli altri sollevato. Egli è vero che tali decreti non emanarono in una dieta del genere umano, ma tali decreti esistono negl'immobili rapporti delle cose, non distruggono quei vantaggi che si suppongono prodotti dalla nobiltà e ne impediscono gl'inconvenienti; rendono formidabili le leggi chiudendo ogni strada all'impunità. A chi dicesse che la medesima pena data al nobile ed al plebeo non è realmente la stessa per la diversità dell'educazione, per l'infamia che spandesi su di un'illustre famiglia, risponderei che la sensibilità del reo non è la misura delle pene, ma il pubblico danno, tanto maggiore quanto è fatto da chi è più favorito; e che l'uguaglianza delle pene non può essere che estrinseca, essendo realmente diversa in ciascun individuo; che l'infamia di una famiglia può esser tolta dal sovrano con dimostrazioni pubbliche di benevolenza all'innocente famiglia del reo. E chi non sa che le sensibili formalità tengono luogo di ragioni al credulo ed ammiratore popolo?

FURTI

I furti che non hanno unito violenza dovrebbero esser puniti con pena pecuniaria. Chi cerca d'arricchirsi dell'altrui dovrebbe esser impoverito del proprio. Ma come questo non è per l'ordinario che il delitto della miseria e della disperazione, il delitto di quella infelice parte di uomini a cui il diritto di proprietà (terribile, e forse non necessario diritto) non ha lasciato che una nuda esistenza, ma come le pene pecuniarie accrescono il numero dei rei al di sopra di quello dei delitti e che tolgono il pane agl'innocenti per toglierlo agli scellerati, la pena più opportuna sarà quell'unica sorta di schiavitù che si possa chiamar giusta, cioè la schiavitù per un tempo delle opere e della persona alla comune società, per risarcirla con la propria e perfetta dipendenza dell'ingiusto dispotismo usurpato sul patto sociale. Ma quando il furto sia misto di violenza, la pena deve essere parimente un misto di corporale e di servile. Altri scrittori prima di me hanno dimostrato l'evidente disordine che nasce dal non distinguere le pene dei furti violenti da quelle dei furti dolosi facendo l'assurda equazione di una grossa somma di denaro con la vita di un uomo; ma non è mai superfluo il ripetere ciò che non è quasi mai stato eseguito. Le macchine politiche conservano più d'ogni altra il moto concepito e sono le più lente ad acquistarne un nuovo. Questi sono delitti di differente natura, ed è certissimo anche in politica quell'assioma di matematica, che tralle quantità eterogenee vi è l'infinito che le separa.

INFAMIA

Le ingiurie personali e contrarie all'onore, cioè a quella giusta porzione di suffragi che un cittadino ha dritto di esigere dagli altri, debbono essere punite coll'infamia. Quest'infamia è un segno della pubblica disapprovazione che priva il reo dei pubblici voti, della confidenza della patria e di quella quasi fraternità che la società inspira. Ella non è in arbitrio della legge. Bisogna dunque che l'infamia della legge sia la stessa che quella che nasce dai rapporti delle cose, la stessa che la morale universale, o la particolare dipendente dai sistemi particolari, legislatori delle volgari opinioni e di quella tal nazione che inspirano. Se l'una è differente dall'altra, o la legge perde la pubblica venerazione, o l'idee della morale e della probità svaniscono, ad onta delle declamazioni che mai non resistono agli esempi. Chi dichiara infami azioni per sé indifferenti sminuisce l'infamia delle azioni che son veramente tali. Le pene d'infamia non debbono essere né troppo frequenti né cadere sopra un gran numero di persone in una volta: non il primo, perché gli effetti reali e troppo frequenti delle cose d'opinione indeboliscono la forza della opinione medesima, non il secondo, perché l'infamia di molti si risolve nella infamia di nessuno.

Le pene corporali e dolorose non devono darsi a quei delitti che, fondati sull'orgoglio, traggono dal dolore stesso gloria ed alimento, ai quali convengono il ridicolo e l'infamia, pene che frenano l'orgoglio dei fanatici coll'orgoglio degli spettatori e dalla tenacità delle quali appena con lenti ed ostinati sforzi la verità stessa si libera. Così forze opponendo a forze ed opinioni ad opinioni il saggio legislatore rompa l'ammirazione e la sorpresa nel popolo cagionata da un falso principio, i ben dedotti conseguenti del quale sogliono velarne al volgo l'originaria assurdità.

Ecco la maniera di non confondere i rapporti e la natura invariabile delle cose, che non essendo limitata dal tempo ed operando incessantemente, confonde e svolge tutti i limitati regolamenti che da lei si scostano. Non sono le sole arti di gusto e di piacere che hanno per principio universale l'imitazione fedele della natura, ma la politica stessa, almeno la vera e la durevole, è soggetta a questa massima generale, poiché ella non è altro che l'arte di meglio dirigere e di rendere cospiranti i sentimenti immutabili degli uomini.

OZIOSI

Chi turba la tranquillità pubblica, chi non ubbidisce alle leggi, cioè alle condizioni con cui gli uomini si soffrono scambievolmente e si difendono, quegli deve essere escluso dalla società, cioè deve essere bandito. Questa è la ragione per cui i saggi governi non soffrono, nel seno del travaglio e dell'industria, quel genere di ozio politico confuso dagli austeri declamatori coll'ozio delle ricchezze accumulate dall'industria, ozio necessario ed utile a misura che la società si dilata e l'amministrazione si ristringe. Io chiamo ozio politico quello che non contribuisce alla società né col travaglio né con la ricchezza, che acquista senza giammai perdere, che, venerato dal volgo con stupida ammirazione, riguardato dal saggio con sdegnosa compassione per gli esseri che ne sono la vittima, che, essendo privo di quello stimolo della vita attiva che è la necessità di custodire o di aumentare i comodi della vita, lascia alle passioni di opinione, che non sono le meno forti, tutta la loro energia. Non è ozioso politicamente chi gode dei frutti dei vizi o delle virtù dei propri antenati, e vende per attuali piaceri il pane e l'esistenza alla industriosa povertà, ch'esercita in pace la tacita guerra d'industria con la opulenza, in vece della incerta e sanguinosa con la forza. E però non l'austera e limitata virtù di alcuni censori, ma le leggi debbono definire qual sia l'ozio da punirsi.

Sembra che il bando dovrebbe esser dato a coloro i quali, accusati di un atroce delitto, hanno una grande probabilità, ma non la certezza contro di loro, di esser rei; ma per ciò fare è necessario uno statuto il meno arbitrario e il più preciso che sia possibile, il quale condanni al bando chi ha messo la nazione nella fatale alternativa o di temerlo o di offenderlo, lasciandogli però il sacro diritto di provare l'innocenza sua. Maggiori dovrebbero essere i motivi contro un nazionale che contro un forestiere, contro un incolpato per la prima volta che contro chi lo fu più volte.

BANDO E CONFISCHE

Ma chi è bandito ed escluso per sempre dalla società di cui era membro, deve lui esser privato dei suoi beni? Una tal questione è suscettibile di differenti aspetti. Il perdere i beni è una pena maggiore di quella del bando; vi debbono dunque essere alcuni casi in cui, proporzionatamente a' delitti, vi sia la perdita di tutto o di parte dei beni, ed alcuni no. La perdita del tutto sarà quando il bando intimato dalla legge sia tale che annienti tutt'i rapporti che sono tra la società e un cittadino delinquente; allora muore il cittadino e resta l'uomo, e rispetto al corpo politico deve produrre lo stesso effetto che la morte naturale. Parrebbe dunque che i beni tolti al reo dovessero toccare ai legittimi successori piuttosto che al principe, poiché la morte ed un tal bando sono lo stesso riguardo al corpo politico. Ma non è per questa sottigliezza che oso disapprovare le confische dei beni. Se alcuni hanno sostenuto che le confische siano state un freno alle vendette ed alle prepotenze private, non riflettono che, quantunque le pene producano un bene, non però sono sempre giuste, perché per esser tali debbono esser necessarie, ed un'utile ingiustizia non può esser tollerata da quel legislatore che vuol chiudere tutte le porte alla vigilante tirannia, che lusinga col bene momentaneo e con la felicità di alcuni illustri, sprezzando lo sterminio futuro e le lacrime d'infiniti oscuri. Le confische mettono un prezzo sulle teste dei deboli, fanno soffrire all'innocente la pena del reo e pongono gl'innocenti medesimi nella disperata necessità di commettere i delitti. Qual più tristo spettacolo che una famiglia strascinata all'infamia ed alla miseria dai delitti di un capo, alla quale la sommissione ordinata dalle leggi impedirebbe il prevenirgli, quand'anche vi fossero i mezzi per farlo!

DELLO SPIRITO DI FAMIGLIA

Queste funeste ed autorizzate ingiustizie furono approvate dagli uomini anche più illuminati, ed esercitate dalle repubbliche più libere, per aver considerato piuttosto la società come un'unione di famiglie che come un'unione di uomini. Vi siano cento mila uomini, o sia ventimila famiglie, ciascuna delle quali è composta di cinque persone, compresovi il capo che la rappresenta: se l'associazione è fatta per le famiglie, vi saranno ventimila uomini e ottanta mila schiavi; se l'associazione è di uomini, vi saranno cento mila cittadini e nessuno schiavo. Nel primo caso vi sarà una repubblica, e ventimila piccole monarchie che la compongono; nel secondo lo spirito repubblicano non solo spirerà nelle piazze e nelle adunanze della nazione, ma anche nelle domestiche mura, dove sta gran parte della felicità o della miseria degli uomini. Nel primo caso, come le leggi ed i costumi sono l'effetto dei sentimenti abituali dei membri della repubblica, o sia dei capi della famiglia, lo spirito monarchico s'introdurrà a poco a poco nella repubblica medesima; e i di lui effetti saranno frenati soltanto dagl'interessi opposti di ciascuno, ma non già da un sentimento spirante libertà ed uguaglianza. Lo spirito di famiglia è uno spirito di dettaglio e limitato a' piccoli fatti. Lo spirito regolatore delle repubbliche, padrone dei principii generali, vede i fatti e gli condensa nelle classi principali ed importanti al bene della maggior parte. Nella repubblica di famiglie i figli rimangono nella potestà del capo, finché vive, e sono costretti ad aspettare dalla di lui morte una esistenza dipendente dalle sole leggi. Avezzi a piegare ed a temere nell'età più verde e vigorosa, quando i sentimenti son meno modificati da quel timore di esperienza che chiamasi moderazione, come resisteranno essi agli ostacoli che il vizio sempre oppone alla virtù nella languida e cadente età, in cui anche la disperazione di vederne i frutti si oppone ai vigorosi cambiamenti?

Quando la repubblica è di uomini, la famiglia non è una subordinazione di comando, ma di contratto, e i figli, quando l'età gli trae dalla dipendenza di natura, che è quella della debolezza e del bisogno di educazione e di difesa, diventano liberi membri della città, e si assoggettano al capo di famiglia, per parteciparne i vantaggi, come gli uomini liberi nella grande società. Nel primo caso i figli, cioè la più gran parte e la più utile della nazione, sono alla discrezione dei padri, nel secondo non sussiste altro legame comandato che quel sacro ed inviolabile di somministrarci reciprocamente i necessari soccorsi, e quello della gratitudine per i benefici ricevuti, il quale non è tanto distrutto dalla malizia del cuore umano, quanto da una mal intesa soggezione voluta dalle leggi.

Tali contraddizioni fra le leggi di famiglia e le fondamentali della repubblica sono una feconda sorgente di altre contraddizioni fra la morale domestica e la pubblica, e però fanno nascere un perpetuo conflitto nell'animo di ciascun uomo. La prima inspira soggezione e timore, la seconda coraggio e libertà; quella insegna a ristringere la beneficenza ad un piccolo numero di persone senza spontanea scelta, questa a stenderla ad ogni classe di uomini; quella comanda un continuo sacrificio di se stesso a un idolo vano, che si chiama bene di famiglia, che spesse volte non è il bene d'alcuno che la compone; questa insegna di servire ai propri vantaggi senza offendere le leggi, o eccita ad immolarsi alla patria col premio del fanatismo, che previene l'azione. Tali contrasti fanno che gli uomini si sdegnino a seguire la virtù che trovano inviluppata e confusa, e in quella lontananza che nasce dall'oscurità degli oggetti sì fisici che morali. Quante volte un uomo, rivolgendosi alle sue azioni passate, resta attonito di trovarsi disonesto! A misura che la società si moltiplica, ciascun membro diviene più piccola parte del tutto, e il sentimento repubblicano si sminuisce proporzionalmente, se cura non è delle leggi di rinforzarlo. Le società hanno come i corpi umani i loro limiti circoscritti, al di là dei quali crescendo, l'economia ne è necessariamente disturbata. Sembra che la massa di uno stato debba essere in ragione inversa della sensibilità di chi lo compone, altrimenti, crescendo l'una e l'altra, le buone leggi troverebbero nel prevenire i delitti un ostacolo nel bene medesimo che hanno prodotto. Una repubblica troppo vasta non si salva dal dispotismo che col sotto dividersi e unirsi in tante repubbliche federative. Ma come ottener questo? Da un dittatore dispotico che abbia il coraggio di Silla, e tanto genio d'edificare quant'egli n'ebbe per distruggere. Un tal uomo, se sarà ambizioso, la gloria di tutt'i secoli lo aspetta, se sarà filosofo, le benedizioni dei suoi cittadini lo consoleranno della perdita dell'autorità, quando pure non divenisse indifferente alla loro ingratitudine. A misura che i sentimenti che ci uniscono alla nazione s'indeboliscono, si rinforzano i sentimenti per gli oggetti che ci circondano, e però sotto il dispotismo più forte le amicizie sono più durevoli, e le virtù sempre mediocri di famiglia sono le più comuni o piuttosto le sole. Da ciò può ciascuno vedere quanto fossero limitate le viste della più parte dei legislatori.

DOLCEZZA DELLE PENE

Ma il corso delle mie idee mi ha trasportato fuori del mio soggetto, al rischiaramento del quale debbo affrettarmi. Uno dei più gran freni dei delitti non è la crudeltà delle pene, ma l'infallibilità di esse, e per conseguenza la vigilanza dei magistrati, e quella severità di un giudice inesorabile, che, per essere un'utile virtù, deve essere accompagnata da una dolce legislazione. La certezza di un castigo, benché moderato, farà sempre una maggiore impressione che non il timore di un altro più terribile, unito con la speranza dell'impunità; perché i mali, anche minimi, quando son certi, spaventano sempre gli animi umani, e la speranza, dono celeste, che sovente ci tiene luogo di tutto, ne allontana sempre l'idea dei maggiori, massimamente quando l'impunità, che l'avarizia e la debolezza spesso accordano, ne aumenti la forza. L'atrocità stessa della pena fa che si ardisca tanto di più per schivarla, quanto è grande il male a cui si va incontro; fa che si commettano più delitti, per fuggir la pena di un solo. I paesi e i tempi dei più atroci supplici furono sempre quelli delle più sanguinose ed inumane azioni, poiché il medesimo spirito di ferocia che guidava la mano del legislatore, reggeva quella del parricida e del sicario. Sul trono dettava leggi di ferro ad anime atroci di schiavi, che ubbidivano. Nella privata oscurità stimolava ad immolare i tiranni per crearne dei nuovi.

A misura che i supplici diventano più crudeli, gli animi umani, che come i fluidi si mettono sempre a livello cogli oggetti che gli circondano, s'incalliscono, e la forza sempre viva delle passioni fa che, dopo cent'anni di crudeli supplici, la ruota spaventi tanto quanto prima la prigionia. Perché una pena ottenga il suo effetto basta che il male della pena ecceda il bene che nasce dal delitto, e in questo eccesso di male deve essere calcolata l'infallibilità della pena e la perdita del bene che il delitto produrrebbe. Tutto il di più è dunque superfluo e perciò tirannico. Gli uomini si regolano per la ripetuta azione dei mali che conoscono, e non su quelli che ignorano. Si facciano due nazioni, in una delle quali, nella scala delle pene proporzionata alla scala dei delitti, la pena maggiore sia la schiavitù perpetua, e nell'altra la ruota. Io dico che la prima avrà tanto timore della sua maggior pena quanto la seconda; e se vi è una ragione di trasportar nella prima le pene maggiori della seconda, l'stessa ragione servirebbe per accrescere le pene di quest'ultima, passando insensibilmente dalla ruota ai tormenti più lenti e più studiati, e fino agli ultimi raffinamenti della scienza troppo conosciuta dai tiranni.

Due altre funeste conseguenze derivano dalla crudeltà delle pene, contrarie al fine medesimo di prevenire i delitti. La prima è che non è sì facile il serbare la proporzione essenziale tra il delitto e la pena, perché, quantunque un'industriosa crudeltà ne abbia variate moltissimo le specie, pure non possono oltrepassare quell'ultima forza a cui è limitata l'organizzazione e la sensibilità umana. Giunto che si sia a questo estremo, non si troverebbe a' delitti più dannosi e più atroci pena maggiore corrispondente, come sarebbe d'uopo per prevenirgli. L'altra conseguenza è che la impunità stessa nasce dall'atrocità dei supplici. Gli uomini sono racchiusi fra certi limiti, sì nel bene che nel male, ed uno spettacolo troppo atroce per l'umanità non può essere che un passeggero furore, ma non mai un sistema costante quali debbono essere le leggi; che se veramente son crudeli, o si cangiano, o l'impunità fatale nasce dalle leggi medesime.

Chi nel leggere le storie non si raccapriccia d'orrore per i barbari ed inutili tormenti che da uomini, che si chiamavano savi, furono con freddo animo inventati ed eseguiti? Chi può non sentirsi fremere tutta la parte la più sensibile nel vedere migliaia d'infelici che la miseria, o voluta o tollerata dalle leggi, che hanno sempre favorito i pochi ed oltraggiato i molti, trasse ad un disperato ritorno nel primo stato di natura, o accusati di delitti impossibili e fabbricati dalla timida ignoranza, o rei non d'altro che di esser fedeli ai propri principii, da uomini dotati dei medesimi sensi, e per conseguenza delle medesime passioni, con meditate formalità e con lente torture lacerati, giocondo spettacolo di una fanatica moltitudine?

DELLA PENA DI MORTE

Questa inutile prodigalità di supplicii, che non ha mai resi migliori gli uomini, mi ha spinto ad esaminare se la morte sia veramente utile e giusta in un governo bene organizzato. Qual può essere il diritto che si attribuiscono gli uomini di trucidare i loro simili? Non certamente quello da cui risulta la sovranità e le leggi. Esse non sono che una somma di minime porzioni della privata libertà di ciascuno; esse rappresentano la volontà generale, che è l'aggregato delle particolari. Chi è mai colui che abbia voluto lasciare ad altri uomini l'arbitrio di ucciderlo? Come mai nel minimo sacrificio della libertà di ciascuno vi può essere quello del massimo tra tutti i beni, la vita? E se ciò fu fatto, come si accorda un tal principio coll'altro, che l'uomo non è padrone di uccidersi, e doveva esserlo se ha potuto dare altrui questo diritto o alla società intera?

Non è dunque la pena di morte un diritto, mentre ho dimostrato che tale essere non può, ma è una guerra della nazione con un cittadino, perché giudica necessaria o utile la distruzione del suo essere. Ma se dimostrerò non essere la morte né utile né necessaria, avrò vinto la causa dell'umanità.

La morte di un cittadino non può credersi necessaria che per due motivi. Il primo, quando anche privo di libertà egli abbia ancora tali relazioni e tal potenza che interessi la sicurezza della nazione; quando la sua esistenza possa produrre una rivoluzione pericolosa nella forma di governo stabilita. La morte di qualche cittadino diviene dunque necessaria quando la nazione ricupera o perde la sua libertà, o nel tempo dell'anarchia, quando i disordini stessi tengono luogo di leggi; ma durante il tranquillo regno delle leggi, in una forma di governo per la quale i voti della nazione siano riuniti, ben munita al di fuori e al di dentro dalla forza e dalla opinione, forse più efficace della forza medesima, dove il comando non è che presso il vero sovrano, dove le ricchezze comprano piaceri e non autorità, io non vedo necessità alcuna di distruggere un cittadino, se non quando la di lui morte fosse il vero ed unico freno per distogliere gli altri dal commettere delitti, secondo motivo per cui può credersi giusta e necessaria la pena di morte.

Quando l'esperienza di tutt'i secoli, nei quali l'ultimo supplizio non ha mai distolti gli uomini determinati dall'offendere la società, quando l'esempio dei cittadini romani, e vent'anni di regno dell'imperatrice Elisabetta di Moscovia, nei quali diede ai padri dei popoli quest'illustre esempio, che equivale almeno a molte conquiste comprate col sangue dei figli della patria, non persuadessero gli uomini, a cui il linguaggio della ragione è sempre sospetto ed efficace quello dell'autorità, basta consultare la natura dell'uomo per sentire la verità della mia asserzione.

Non è l'intensione della pena che fa il maggior effetto sull'animo umano, ma l'estensione di essa; perché la nostra sensibilità è più facilmente e stabilmente mossa da minime ma replicate impressioni che da un forte ma passeggero movimento. L'impero dell'abitudine è universale sopra ogni essere che sente, e come l'uomo parla e cammina e procacciasi i suoi bisogni col di lei aiuto, così l'idee morali non si stampano nella mente che per durevoli ed iterate percosse. Non è il terribile ma passeggero spettacolo della morte di uno scellerato, ma il lungo e stentato esempio di un uomo privo di libertà, che, divenuto bestia di servigio, ricompensa con le sue fatiche quella società che ha offesa, che è il freno più forte contro i delitti. Quell'efficace, perché spessissimo ripetuto ritorno sopra di noi medesimi, io stesso sarò ridotto a così lunga e misera condizione se commetterò simili misfatti, è assai più possente che non l'idea della morte, che gli uomini vedono sempre in una oscura lontananza.

La pena di morte fa un'impressione che con la sua forza non supplisce alla pronta dimenticanza, naturale all'uomo anche nelle cose più essenziali, ed accelerata dalle passioni. Regola generale: le passioni violenti sorprendono gli uomini, ma non per lungo tempo, e però sono atte a fare quelle rivoluzioni che di uomini comuni ne fanno o dei Persiani o dei Lacedemoni;

ma in un libero e tranquillo governo le impressioni debbono essere più frequenti che forti.

La pena di morte diviene uno spettacolo per la maggior parte e un oggetto di compassione mista di sdegno per alcuni; entrambi questi sentimenti occupano più l'animo degli spettatori che non il salutare terrore che la legge pretende inspirare. Ma nelle pene moderate e continue il sentimento dominante è l'ultimo perché è il solo. Il limite che fissar dovrebbe il legislatore al rigore delle pene sembra consistere nel sentimento di compassione, quando comincia a prevalere su di ogni altro nell'animo degli spettatori d'un supplizio più fatto per essi che per il reo.

Perché una pena sia giusta non deve avere che quei soli gradi d'intensione che bastano a rimuovere gli uomini dai delitti; ora non vi è alcuno che, riflettendovi, scegliere possa la totale e perpetua perdita della propria libertà per quanto vantaggioso possa essere un delitto: dunque l'intensione della pena di schiavitù perpetua sostituita alla pena di morte ha ciò che basta per rimuovere qualunque animo determinato; aggiungo che ha di più: moltissimi riguardano la morte con viso tranquillo e fermo, chi per fanatismo, chi per vanità, che quasi sempre accompagna l'uomo al di là dalla tomba, chi per un ultimo e disperato tentativo o di non vivere o di sortir di miseria; ma né il fanatismo né la vanità stanno fra i ceppi o le catene, sotto il bastone, sotto il giogo, in una gabbia di ferro, e il disperato non finisce i suoi mali, ma gli comincia. L'animo nostro resiste più alla violenza ed agli estremi ma passeggeri dolori che al tempo ed all'incessante noia; perché egli può per dir così condensar tutto se stesso per un momento per respinger i primi, ma la vigorosa di lui elasticità non basta a resistere alla lunga e ripetuta azione dei secondi. Con la pena di morte ogni esempio che si dà alla nazione suppone un delitto; nella pena di schiavitù perpetua un sol delitto dà moltissimi e durevoli esempi, e se egli è importante che gli uomini vedano spesso il poter delle leggi, le pene di morte non debbono essere molto distanti fra di loro: dunque suppongono la frequenza dei delitti, dunque perché questo supplizio sia utile bisogna che non faccia su gli uomini tutta l'impressione che far dovrebbe, cioè che sia utile e non utile nel medesimo tempo. Chi dicesse che la schiavitù perpetua è dolorosa quanto la morte, e perciò ugualmente crudele, io risponderò che sommando tutti i momenti infelici della schiavitù lo sarà forse anche di più, ma questi sono stesi sopra tutta la vita, e quella esercita tutta la sua forza in un momento; ed è questo il vantaggio della pena di schiavitù, che spaventa più chi la vede che chi la soffre; perché il primo considera tutta la somma dei momenti infelici, ed il secondo è dall'infelicità del momento presente distratto dalla futura. Tutti i mali s'ingrandiscono nell'immaginazione, e chi soffre trova delle risorse e delle consolazioni non conosciute e non credute dagli spettatori, che sostituiscono la propria sensibilità all'animo incallito dell'infelice.

Ecco presso a poco il ragionamento che fa un ladro o un assassino, i quali non hanno altro contrappeso per non violare le leggi che la forca o la ruota. So che lo sviluppare i sentimenti del proprio animo è un'arte che s'apprende con la educazione; ma perché un ladro non renderebbe bene i suoi principii, non per ciò essi agiscono meno. Quali sono queste leggi ch'io debbo rispettare, che lasciano un così grande intervallo tra me e il ricco? Egli mi nega un soldo che li cerco, e si scusa col comandarmi un travaglio che non conosce. Chi ha fatte queste leggi? Uomini ricchi e potenti, che non si sono mai degnati visitare le squallide capanne del povero, che non hanno mai diviso un ammuffito pane fra le innocenti grida degli affamati figliuoli e le lacrime della moglie. Rompiamo questi legami fatali alla maggior parte ed utili ad alcuni pochi ed indolenti tiranni, attacchiamo l'ingiustizia nella sua sorgente. Ritornerò nel mio stato d'indipendenza naturale, vivrò libero e felice per qualche tempo coi frutti del mio coraggio e della mia industria, verrà forse il giorno del dolore e del pentimento, ma sarà breve questo tempo, ed avrò un giorno di stento per molti anni di libertà e di piaceri. Re di un piccolo numero, correggerò gli errori della fortuna, e vedrò questi tiranni impallidire e palpitare alla presenza di colui che con un insultante fasto posponevano ai loro cavalli, ai loro cani. Allora la religione si affaccia alla mente dello scellerato, che abusa di tutto, e presentandogli un facile pentimento ed una quasi certezza di eterna felicità, diminuisce di molto l'orrore di quell'ultima tragedia.

Ma colui che si vede avanti agli occhi un gran numero d'anni, o anche tutto il corso della vita che passerebbe nella schiavitù e nel dolore in faccia a' suoi concittadini, con i quali vive libero e sociabile, schiavo di quelle leggi dalle quali era protetto, fa un utile paragone di tutto ciò coll'incertezza dell'esito dei suoi delitti, con la brevità del tempo di cui ne godrebbe i frutti. L'esempio continuo di quelli che attualmente vede vittime della propria inavvedutezza, gli fa una impressione assai più forte che non lo spettacolo di un supplizio che lo indurisce più che non lo corregge.

Non è utile la pena di morte per l'esempio di atrocità che dà agli uomini. Se le passioni o la necessità della guerra hanno insegnato a spargere il sangue umano, le leggi moderatrici della condotta degli uomini non dovrebbero aumentare il fiero esempio, tanto più funesto quanto la morte legale è data con studio e con formalità. Mi sembra un assurdo che le leggi, che sono l'espressione della pubblica volontà, che detestano e puniscono l'omicidio, ne commettono uno esse medesime, e, per allontanare i cittadini dall'assassinio, ordinino un pubblico assassinio. Quali sono le vere e le più utili leggi? Quei patti e quelle condizioni che tutti vorrebbero osservare e proporre, mentre tace la voce sempre ascoltata dell'interesse privato o si combina con quello del pubblico. Quali sono i sentimenti di ciascuno sulla pena di morte? Leggiamoli negli atti d'indignazione e di disprezzo con cui ciascuno guarda il carnefice, che è pure un innocente esecutore della pubblica volontà, un buon cittadino che contribuisce al ben pubblico, lo strumento necessario alla pubblica sicurezza al di dentro, come i valorosi soldati al di fuori. Qual è dunque l'origine di questa contraddizione? E perché è indelebile negli uomini questo sentimento ad onta della ragione? Perché gli uomini nel più secreto dei loro animi, parte che più d'ogn'altra conserva ancor la forma originale della vecchia natura, hanno sempre creduto non essere la vita propria in potestà di alcuno fuori che della necessità, che col suo scettro di ferro regge l'universo.

Che debbono pensare gli uomini nel vedere i savi magistrati e i gravi sacerdoti della giustizia, che con indifferente tranquillità fanno strascinare con lento apparato un reo alla morte, e mentre un misero spasima nelle ultime angosce, aspettando il colpo fatale, passa il giudice con insensibile freddezza, e forse anche con segreta compiacenza della propria autorità, a gustare i comodi e i piaceri della vita? Ah!, diranno essi, queste leggi non sono che i pretesti della forza e le meditate e crudeli formalità della giustizia; non sono che un linguaggio di convenzione per immolarci con maggiore sicurezza, come vittime destinate in sacrificio, all'idolo insaziabile del dispotismo. L'assassinio, che ci vien predicato come un terribile misfatto, lo vediamo pure senza ripugnanza e senza furore adoperato. Prevaliamoci dell'esempio. Ci pareva la morte violenta una scena terribile nelle descrizioni che ci venivano fatte, ma lo vediamo un affare di momento. Quanto lo sarà meno in chi, non aspettandola, ne rismi sembra quasi tutto ciò che ha di doloroso! Tali sono i funesti paralogismi che, se non con chiarezza, confusamente almeno, fanno gli uomini disposti a' delitti, ne' quali, come abbiamo visto, l'abuso della religione può più che la religione medesima.

Se mi si opponesse l'esempio di quasi tutt'i secoli e di quasi tutte le nazioni, che hanno data pena di morte ad alcuni delitti, io risponderò che egli si annienta in faccia alla verità, contro della quale non vi ha prescrizione; che la storia degli uomini ci dà l'idea di un immenso pelago di errori, fra i quali poche e confuse, e a grandi intervalli distanti, verità fuoriescono. Gli umani sacrifici furono comuni a quasi tutte le nazioni, e chi oserà scusargli? Che alcune poche società, e per poco tempo solamente, si siano astenute dal dare la morte, ciò mi è piuttosto favorevole che contrario, perché ciò è conforme alla fortuna delle grandi verità, la durata delle quali non è che un lampo, in paragone della lunga e tenebrosa notte che involge gli uomini. Non è ancor giunta l'epoca fortunata, in cui la verità, come finora l'errore, appartenga al più gran numero, e da questa legge universale non ne sono andate esenti fin ora che le sole verità che la Sapienza infinita ha voluto divider dalle altre col rivelarle.

La voce di un filosofo è troppo debole contro i tumulti e le grida di tanti che son guidati dalla cieca consuetudine, ma i pochi saggi che sono sparsi sulla faccia della terra mi faranno eco nell'intimo dei loro cuori; e se la verità potesse, fra gl'infiniti ostacoli che l'allontanano da un monarca, mal grado suo, giungere fino al suo trono, sappia che ella vi arriva con i voti segreti di tutti gli uomini, sappia che tacerà in faccia a lui la sanguinosa fama dei conquistatori e che la giusta posterità gli assegna il primo luogo fra i pacifici trofei dei Titi, degli Antonini e dei Traiani.

Felice l'umanità, se per la prima volta le si dettassero leggi, ora che vediamo riposti su i troni di Europa monarchi benefici, animatori delle pacifiche virtù, delle scienze, delle arti, padri dei loro popoli, cittadini coronati, l'aumento dell'autorità dei quali forma la felicità dei sudditi perché toglie quell'intermediario dispotismo più crudele, perché meno sicuro, da cui venivano soffocati i voti sempre sinceri del popolo e sempre fausti quando possono giungere al trono! Se essi, dico, lasciano sussistere le antiche leggi, ciò nasce dalla difficoltà infinita di togliere dagli errori la venerata ruggine di molti secoli, ciò è un motivo per i cittadini illuminati di desiderare con maggiore ardore il continuo accrescimento della loro autorità.

DELLA CATTURA

Un errore non meno comune che contrario al fine sociale, che è l'opinione della propria sicurezza, è il lasciare arbitro il magistrato esecutore delle leggi d'imprigionare un cittadino, di togliere la libertà ad un nemico per frivoli pretesti, e di lasciare impunito un amico ad onta degl'indizi più forti di reità. La prigionia è una pena che per necessità deve, a differenza d'ogn'altra, precedere la dichiarazione del delitto, ma questo carattere distintivo non le toglie l'altro essenziale, cioè che la sola legge determini i casi nei quali un uomo è degno di pena. La legge dunque accennerà gl'indizi di un delitto che meritano la custodia del reo, che lo assoggettano ad un esame e ad una pena. La pubblica fama, la fuga, la stragiudiziale confessione, quella d'un compagno del delitto, le minacce e la costante inimicizia con l'offeso, il corpo del delitto, e simili indizi, sono prove bastanti per catturare un cittadino; ma queste prove devono stabilirsi dalla legge e non dai giudici, i decreti dei quali sono sempre opposti alla libertà politica, quando non siano proposizioni particolari di una massima generale esistente nel pubblico codice. A misura che le pene saranno moderate, che sarà tolto lo squallore e la fame dalle carceri, che la compassione e l'umanità penetreranno le porte ferrate e comanderanno agl'inesorabili ed induriti ministri della giustizia, le leggi potranno contentarsi d'indizi sempre più deboli per catturare. Un uomo accusato di un delitto, carcerato ed assoluto non dovrebbe portar seco nota alcuna d'infamia. Quanti romani accusati di gravissimi delitti, trovati poi innocenti, furono dal popolo riveriti e di magistrature onorati! Ma per qual ragione è così diverso ai tempi nostri l'esito di un innocente? Perché sembra che nel presente sistema criminale, secondo l'opinione degli uomini, prevalga l'idea della forza e della prepotenza a quella della giustizia; perché si gettano confusi nella stessa caverna gli accusati e i convinti; perché la prigione è piuttosto un supplizio che una custodia del reo, e perché la forza interna tutrice delle leggi è separata dalla esterna difenditrice del trono e della nazione, quando unite dovrebbero essere. Così la prima sarebbe, per mezzo del comune appoggio delle leggi, combinata con la facoltà giudicativa, ma non dipendente da quella con immediata podestà, e la gloria, che accompagna la pompa, ed il fasto di un corpo militare toglierebbero l'infamia, la quale è più attaccata al modo che alla cosa, come tutt'i popolari sentimenti; ed è provato dall'essere le prigionie militari nella comune opinione non così infamanti come le forensi. Durano ancora nel popolo, ne' costumi e nelle leggi, sempre di più di un secolo inferiori in bontà ai lumi attuali di una nazione, durano ancora le barbare impressioni e le feroci idee dei settentrionali cacciatori padri nostri.

Alcuni hanno sostenuto che in qualunque luogo commettasi un delitto, cioè un'azione contraria alle leggi, possa essere punito; quasi che il carattere di suddito fosse indelebile, cioè sinonimo, anzi peggiore di quello di schiavo; quasi che uno potesse esser suddito di un dominio ed abitare in un altro, e che le di lui azioni potessero senza contraddizione esser subordinate a due sovrani e a due codici sovente contraddittori. Alcuni credono parimente che un'azione crudele fatta, per esempio, a Costantinopoli, possa esser punita a Parigi, per l'astratta ragione che chi offende l'umanità merita di avere tutta l'umanità inimica e l'esecrazione universale; quasi che i giudici vindici fossero della sensibilità degli uomini e non piuttosto dei patti che gli legano tra di loro. Il luogo della pena è il luogo del delitto, perché ivi solamente e non altrove gli uomini sono sforzati di offendere un privato per prevenire l'offesa pubblica. Uno scellerato, ma che non ha rotti i patti di una società di cui non era membro, può essere temuto, e però dalla forza superiore della società esiliato ed escluso, ma non punito con le formalità delle leggi vindici dei patti, non della malizia intrinseca delle azioni.

Sogliono i rei di delitti più leggieri esser puniti o nell'oscurità di una prigione, o mandati a dar esempio, con una lontana e però quasi inutile schiavitù, a nazioni che non hanno offeso. Se gli uomini non s'inducono in un momento a commettere i più gravi delitti, la pubblica pena di un gran misfatto sarà considerata dalla maggior parte come straniera ed impossibile ad accaderle; ma la pubblica pena di delitti più leggeri, ed a' quali l'animo è più vicino, farà un'impressione che, distogliendolo da questi, l'allontani viepiù da quegli. Le pene non devono solamente esser proporzionate fra loro ed ai delitti nella forza, ma anche nel modo d'infliggerle. Alcuni liberano dalla pena di un piccolo delitto quando la parte offesa lo perdoni, atto conforme alla beneficenza ed all'umanità, ma contrario al ben pubblico, quasi che un cittadino privato potesse ugualmente togliere con la sua remissione la necessità dell'esempio, come può condonare il risarcimento dell'offesa. Il diritto di far punire non è di un solo, ma di tutti i cittadini o del sovrano. Egli non può che rinunziare alla sua porzione di diritto, ma non annullare quella degli altri.

PROCESSI E PRESCRIZIONE

Conosciute le prove e calcolata la certezza del delitto, è necessario concedere al reo il tempo e mezzi opportuni per giustificarsi; ma tempo così breve che non pregiudichi alla prontezza della pena, che abbiamo visto essere uno dei principali freni dei delitti. Un mal inteso amore della umanità sembra contrario a questa brevità di tempo, ma svanirà ogni dubbio se si rifletta che i pericoli dell'innocenza crescono coi difetti della legislazione.

Ma le leggi devono fissare un certo spazio di tempo, sì alla difesa del reo che alle prove dei delitti, e il giudice diverrebbe legislatore se egli dovesse decidere del tempo necessario per provare un delitto. Parimente quei delitti atroci, dei quali lunga resta la memoria negli uomini, quando siano provati, non meritano alcuna prescrizione in favore del reo che si è sottratto con la fuga; ma i delitti minori ed oscuri devono togliere con la prescrizione l'incertezza della sorte di un cittadino, perché l'oscurità in cui sono stati involti per lungo tempo i delitti toglie l'esempio della impunità, rimane intanto il potere al reo di divenir migliore. Mi basta accennar questi principii, perché non può fissarsi un limite preciso che per una data legislazione e nelle date circostanze di una società; aggiungerò solamente che, provata l'utilità delle pene moderate in una nazione, le leggi che in proporzione dei delitti scemano o accrescono il tempo della prescrizione, o il tempo delle prove, formando così della carcere medesima o del volontario esilio una parte di pena, somministreranno una facile divisione di poche pene dolci per un gran numero di delitti.

Ma questi tempi non cresceranno nell'esatta proporzione dell'atrocità dei delitti, poiché la probabilità dei delitti è in ragione inversa della loro atrocità. Dovrà dunque scemarsi il tempo dell'esame e crescere quello della prescrizione, il che parrebbe una contraddizione di quanto dissi, cioè che possono darsi pene eguali a delitti diseguali, valutando il tempo della carcere o della prescrizione, precedenti la sentenza, come una pena. Per spiegare al lettore la mia idea, distinguo due classi di delitti: la prima è quella dei delitti atroci, e questa comincia dall'omicidio, e comprende tutte le ulteriori sceleraggini; la seconda è quella dei delitti minori. Questa distinzione ha il suo fondamento nella natura umana. La sicurezza della propria vita è un diritto di natura, la sicurezza dei beni è un diritto di società. Il numero dei motivi che spingono gli uomini oltre il naturale sentimento di pietà è di gran lunga minore al numero dei motivi che per la naturale avidità di esser felici gli spingono a violare un diritto, che non trovano ne' loro cuori ma nelle convenzioni della società. La massima differenza di probabilità di queste due classi esige che si regolino con diversi principii: nei delitti più atroci, perché più rari, deve sminuirsi il tempo dell'esame per l'accrescimento della probabilità dell'innocenza del reo, e deve crescere il tempo della prescrizione, perché dalla definitiva sentenza della innocenza o reità di un uomo dipende il togliere la lusinga della impunità, di cui il danno cresce coll'atrocità del delitto. Ma nei delitti minori scemandosi la probabilità dell'innocenza del reo, deve crescere il tempo dell'esame e, scemandosi il danno dell'impunità, deve diminuirsi il tempo della prescrizione. Una tal distinzione di delitti in due classi non dovrebbe ammettersi, se altrettanto scemasse il danno dell'impunità quanto cresce la probabilità del delitto. Riflettasi che un accusato, di cui non consti né l'innocenza né la reità, benché liberato per mancanza di prove, può soggiacere per il medesimo delitto a nuova cattura e a nuovi esami, se emanano nuovi indizi indicati dalla legge, finché non passi il tempo della prescrizione fissata al suo delitto. Tale è almeno il temperamento che mi sembra opportuno per difendere e la sicurezza e la libertà dei sudditi, essendo troppo facile che l'una non sia favorita a spese dell'altra, cosicché questi due beni, che formano l'inalienabile ed ugual patrimonio di ogni cittadino, non siano protetti e custoditi l'uno dall'aperto o mascherato dispotismo, l'altro dalla turbolenta popolare anarchia.

DELITTI DI PROVA DIFFICILE

In vista di questi principii strano parrà, a chi non riflette che la ragione non è quasi mai stata la legislatrice delle nazioni, che i delitti o più atroci o più oscuri e chimerici, cioè quelli dei quali l'improbabilità è maggiore, siano provati dalle congetture e dalle prove più deboli ed equivoche; quasi che le leggi e il giudice abbiano interesse non di cercare la verità, ma di provare il delitto; quasi che di condannare un innocente non vi sia un tanto maggior pericolo quanto la probabilità dell'innocenza supera la probabilità del reato. Manca nella maggior parte degli uomini quel vigore necessario ugualmente per i grandi delitti che per le grandi virtù, per cui pare che gli uni vadano sempre contemporanei con le altre in quelle nazioni che più si sostengono per l'attività del governo e delle passioni cospiranti al pubblico bene che per la massa loro o la costante bontà delle leggi. In queste le passioni indebolite sembrano più atte a mantenere che a migliorare la forma di governo. Da ciò si cava una conseguenza importante, che non sempre in una nazione i grandi delitti provano il suo deperimento.

Vi sono alcuni delitti che sono nel medesimo tempo frequenti nella società e difficili a provarsi, e in questi la difficoltà della prova tiene luogo della probabilità dell'innocenza, ed il danno dell'impunità essendo tanto meno valutabile quanto la frequenza di questi delitti dipende da principii diversi dal pericolo dell'impunità, il tempo dell'esame e il tempo della prescrizione devono diminuirsi ugualmente. E pure gli adulteri, la greca libidine, che sono delitti di difficile prova, sono quelli che secondo i principii ricevuti ammettono le tiranniche presunzioni, le quasi-prove, le semi-prove (quasi che un uomo potesse essere semi-innocente o semi-reo, cioè semi-punibile e semi-assolvibile), dove la tortura esercita il crudele suo impero nella persona dell'accusato, nei testimoni, e persino in tutta la famiglia di un infelice, come con iniqua freddezza insegnano alcuni dottori che si danno ai giudici per norma e per legge.

L'adulterio è un delitto che, considerato politicamente, ha la sua forza e la sua direzione da due cagioni: le leggi variabili degli uomini e quella fortissima attrazione che spinge l'un sesso verso l'altro; simile in molti casi alla gravità motrice dell'universo, perché come essa diminuisce con le distanze, e se l'una modifica tutt'i movimenti dei corpi, così l'altra quasi tutti quelli dell'animo, finché dura il di lei periodo; dissimile in questo, che la gravità si mette in equilibrio cogli ostacoli, ma quella per lo più prende forza e vigore col crescere degli ostacoli medesimi.

Se io avessi a parlare a nazioni ancora prive della luce della religione direi che vi è ancora un'altra differenza considerabile fra questo e gli altri delitti. Egli nasce dall'abuso di un bisogno costante ed universale a tutta l'umanità, bisogno anteriore, anzi fondatore della società medesima, laddove gli altri delitti distruttori di essa hanno un'origine più determinata da passioni momentanee che da un bisogno naturale. Un tal bisogno sembra, per chi conosce la storia e l'uomo, sempre uguale nel medesimo clima ad una quantità costante. Se ciò fosse vero, inutili, anzi perniciose sarebbero quelle leggi e quei costumi che cercassero diminuirne la somma totale, perché il loro effetto sarebbe di caricare una parte dei propri e degli altrui bisogni, ma sagge per lo contrario sarebbero quelle che, per dir così, seguendo la facile inclinazione del piano, ne dividessero e diramassero la somma in tante eguali e piccole porzioni, che impedissero uniformemente in ogni parte e l'aridità e l'allagamento. La fedeltà coniugale è sempre proporzionata al numero ed alla libertà dei matrimoni. Dove gli ereditari pregiudizi gli reggono, dove la domestica potestà gli combina e gli scioglie, ivi la galanteria ne rompe segretamente i legami ad onta della morale volgare, il di cui officio è di declamare contro gli effetti, perdonando alle cagioni. Ma non vi è bisogno di tali riflessioni per chi, vivendo nella vera religione, ha più sublimi motivi, che correggono la forza degli effetti naturali. L'azione di un tal delitto è così istantanea e misteriosa, così coperta da quel velo medesimo che le leggi hanno posto, velo necessario, ma fragile, e che aumenta il pregio della cosa in vece di scemarlo, le occasioni così facili, le conseguenze così equivoche, che è più in mano del legislatore il prevenirlo che correggerlo. Regola generale: in ogni delitto che, per sua natura, deve essere il più delle volte impunito, la pena diviene un incentivo. Ella è proprietà della nostra immaginazione che le difficoltà, se non sono insormontabili o troppo difficili rispetto alla pigrizia d'animo di ciascun uomo, eccitano più vivamente l'immaginazione ed ingrandiscono l'oggetto, perché elleno sono quasi altrettanti ripari che impediscono la vagabonda e volubile immaginazione di sortire dall'oggetto, e costringendola a scorrere tutt'i rapporti, più strettamente si attacca alla parte piacevole, a cui più naturalmente l'animo nostro si avventa, che non alla dolorosa e funesta, da cui fugge e si allontana.

L'antica venere così severamente punita dalle leggi e così facilmente sottoposta ai tormenti vincitori dell'innocenza, ha meno il suo fondamento su i bisogni dell'uomo isolato e libero che sulle passioni dell'uomo sociabile e schiavo. Essa prende la sua forza non tanto dalla sazietà dei piaceri, quanto da quella educazione che comincia per render gli uomini inutili a se stessi per fargli utili ad altri, in quelle case dove si condensa l'ardente gioventù, dove essendovi un argine insormontabile ad ogni altro commercio, tutto il vigore della natura che si sviluppa si consuma inutilmente per l'umanità, anzi ne anticipa la vecchiaia.

L'infanticidio è parimente l'effetto di una inevitabile contraddizione, in cui è posta una persona, che per debolezza o per violenza abbia ceduto. Chi trovasi tra l'infamia e la morte di un essere incapace di sentirne i mali, come non preferirà questa alla miseria infallibile a cui sarebbero esposti ella e l'infelice frutto? La miglior maniera di prevenire questo delitto sarebbe di proteggere con leggi efficaci la debolezza contro la tirannia, la quale esagera i vizi che non possono coprirsi col manto della virtù.

Io non pretendo diminuire il giusto orrore che meritano questi delitti; ma, indicandone le sorgenti, mi credo in diritto di cavarne una conseguenza generale, cioè che non si può chiamare precisamente giusta (il che vuol dire necessaria) una pena di un delitto, finché la legge non ha adoperato il miglior mezzo possibile nelle date circostanze d'una nazione per prevenirlo.

SUICIDIO

Il suicidio è un delitto che sembra non poter ammettere una pena propriamente detta, poiché ella non può cadere che o su gl'innocenti, o su di un corpo freddo ed insensibile. Se questa non farà alcuna impressione su i viventi, come non lo farebbe lo sferzare una statua, quella è ingiusta e tirannica, perché la libertà politica degli uomini suppone necessariamente che le pene siano meramente personali. Gli uomini amano troppo la vita, e tutto ciò che gli circonda li conferma in questo amore. La seducente immagine del piacere e la speranza, dolcissimo inganno dei mortali, per cui trangugiano a gran sorsi il male misto di poche stille di contento, gli alletta troppo perché temer si debba che la necessaria impunità di un tal delitto abbia qualche influenza sugli uomini. Chi teme il dolore ubbidisce alle leggi; ma la morte ne estingue nel corpo tutte le sorgenti. Qual dunque sarà il motivo che tratterrà la mano disperata del suicida?

Chiunque si uccide fa un minor male alla società che colui che ne esce per sempre dai confini, perché quegli vi lascia tutta la sua sostanza, ma questi trasporta se stesso con parte del suo avere. Anzi se la forza della società consiste nel numero dei cittadini, col sottrarre se stesso e darsi ad una vicina nazione fa un doppio danno di quello che lo faccia chi semplicemente con la morte si toglie alla società. La questione dunque si riduce a sapere se sia utile o dannoso alla nazione il lasciare una perpetua libertà di assentarsi a ciascun membro di essa.

Ogni legge che non sia armata, o che la natura delle circostanze renda insussistente, non deve promulgarsi; e come sugli animi regna l'opinione, che ubbidisce alle lente ed indirette impressioni del legislatore, che resiste alle dirette e violente, così le leggi inutili, disprezzate dagli uomini, comunicano il loro avvilimento alle leggi anche più salutari, che sono riguardate più come un ostacolo da superarsi che il deposito del pubblico bene. Anzi se, come fu detto, i nostri sentimenti sono limitati, quanta venerazione gli uomini

81

avranno per oggetti estranei alle leggi tanto meno ne resterà alle leggi medesime. Da questo principio il saggio dispensatore della pubblica felicità può trarre alcune utili conseguenze, che, esponendole, mi allontanerebbero troppo dal mio soggetto, che è di provare l'inutilità di fare dello stato una prigione. Una tal legge è inutile perché, a meno che scogli inaccessibili o mare innavigabile non dividano un paese da tutti gli altri, come chiudere tutti i punti della circonferenza di esso e come custodire i custodi? Chi tutto trasporta non può, da che lo ha fatto, esserne punito. Un tal delitto subito che è commesso non può più punirsi, e il punirlo prima è punire la volontà degli uomini e non le azioni; egli è un comandare all'intenzione, parte liberissima dell'uomo dall'impero delle umane leggi. Il punire l'assente nelle sostanze lasciatevi, oltre la facile ed inevitabile collusione, che senza tiranneggiare i contratti non può esser tolta, ripulirebbe ogni commercio da nazione a nazione. Il punirlo quando ritornasse il reo, sarebbe l'impedire che si ripari il male fatto alla società col rendere tutte le assenze perpetue. La proibizione stessa di sortire da un paese ne aumenta il desiderio ai nazionali di sortirne, ed è un avvertimento ai forestieri di non introdurvisi.

Che dovremo pensare di un governo che non ha altro mezzo per trattenere gli uomini, naturalmente attaccati per le prime impressioni dell'infanzia alla loro patria, fuori che il timore? La più sicura maniera di fissare i cittadini nella patria è di aumentare il ben essere relativo di ciascuno. Come devesi fare ogni sforzo perché la bilancia del commercio sia in nostro favore, così è il massimo interesse del sovrano e della nazione che la somma della felicità, paragonata con quella delle nazioni circostanti, sia maggiore che altrove. I piaceri del lusso non sono i principali elementi di questa felicità, quantunque questo sia un rimedio necessario alla disuguaglianza, che cresce coi progressi di una nazione, senza di cui le ricchezze si addenserebbero in una sola mano. Dove i confini di un paese si aumentano in maggior ragione che non la popolazione di esso, ivi il lusso favorisce il dispotismo, sì perché quanto gli uomini sono più rari tanto è minore l'industria; e quanto è minore l'industria, è tanto più grande la dipendenza della povertà dal fasto, ed è tanto più difficile e meno temuta la riunione degli oppressi contro gli oppressori, sì perché le adorazioni, gli uffici, le distinzioni, la sommissione, che rendono più sensibile la distanza tra il forte e il debole, si ottengono più facilmente dai pochi che dai molti, essendo gli uomini tanto più indipendenti quanto meno osservati, e tanto meno osservati quanto maggiore ne è il numero. Ma dove la popolazione cresce in maggior proporzione che non i confini, il lusso si oppone al dispotismo, perché anima l'industria e l'attività degli uomini, e il bisogno offre troppi piaceri e comodi al ricco perché quegli d'ostentazione, che aumentano l'opinione di dipendenza, abbiano il maggior luogo. Quindi può osservarsi che negli stati vasti e deboli e spopolati, se altre cagioni non vi mettono ostacolo, il lusso d'ostentazione prevale a quello di comodo; ma negli stati popolati più che vasti il lusso di comodo fa sempre sminuire quello di ostentazione. Ma il commercio ed il passaggio dei piaceri del lusso ha questo inconveniente, che quantunque si faccia per il mezzo di molti, pure comincia in pochi, e termina in pochi, e solo pochissima parte ne gusta il maggior numero, talché non impedisce il sentimento della miseria, più cagionato dal paragone che dalla realtà. Ma la sicurezza e la libertà limitata dalle sole leggi sono quelle che formano la base principale di questa felicità, con le quali i piaceri del lusso favoriscono la popolazione, e senza di quelle divengono lo strumento della tirannia. Siccome le fiere più generose e i liberissimi uccelli si allontanano nelle solitudini e nei boschi inaccessibili, ed abbandonano le fertili e ridenti campagne all'uomo insidiatore, così gli uomini fuggono i piaceri medesimi quando la tirannia gli distribuisce.

Egli è dunque dimostrato che la legge che imprigiona i sudditi nel loro paese è inutile ed ingiusta. Dunque lo sarà parimente la pena del suicidio; e perciò, quantunque sia una colpa che Dio punisce, perché solo può punire anche dopo la morte, non è un delitto avanti gli uomini, perché la pena, in vece di cadere sul reo medesimo, cade sulla di lui famiglia. Se alcuno mi opponesse che una tal pena può nondimeno ritrarre un uomo determinato dall'uccidersi, io rispondo: che chi tranquillamente rinuncia al bene della vita, che odia l'esistenza quaggiù, talché vi preferisce un'infelice eternità, deve essere niente mosso dalla meno efficace e più lontana considerazione dei figli o dei parenti.

CONTRABBANDI

Il contrabbando è un vero delitto che offende il sovrano e la nazione, ma la di lui pena non deve essere infamante, perché commesso non produce infamia nella pubblica opinione. Chiunque dà pene infamanti a' delitti che non sono reputati tali dagli uomini, scema il sentimento d'infamia per quelli che lo sono. Chiunque vedrà stabilita la medesima pena di morte, per esempio, a chi uccide un fagiano ed a chi assassina un uomo o falsifica uno scritto importante, non farà alcuna differenza tra questi delitti, distruggendosi in questa maniera i sentimenti morali, opera di molti secoli e di molto sangue, lentissimi e difficili a prodursi nell'animo umano, per far nascere i quali fu creduto necessario l'aiuto dei più sublimi motivi e un tanto apparato di gravi formalità.

Questo delitto nasce dalla legge medesima poiché, crescendo la gabella, cresce sempre il vantaggio, e però la tentazione di fare il contrabbando e la facilità di commetterlo cresce con la circonferenza da custodirsi e con la diminuzione del volume della merce medesima. La pena di perdere e la merce bandita e la roba che l'accompagna è giustissima, ma sarà tanto più efficace quanto più piccola sarà la gabella, perché gli uomini non rischiano che a proporzione del vantaggio che l'esito felice dell'impresa produrrebbe.

Ma perché mai questo delitto non cagiona infamia al di lui autore, essendo un furto fatto al principe, e per conseguenza alla nazione medesima? Rispondo che le offese che gli uomini credono non poter essere loro fatte, non l'interessano tanto che basti a produrre la pubblica indignazione contro di chi le commette. Tale è il contrabbando. Gli uomini su i quali le conseguenze remote fanno debolissime impressioni, non vedono il danno che può loro accadere per il contrabbando, anzi sovente ne godono i vantaggi presenti. Essi non vedono che il danno fatto al principe; non sono dunque interessati a privare dei loro suffragi chi fa un contrabbando, quanto lo sono contro chi commette un furto privato, contro chi falsifica il carattere, ed altri mali che possono loro accadere. Principio evidente che ogni essere sensibile non s'interessa che per i mali che conosce.

Ma dovessi lasciare impunito un tal delitto contro chi non ha roba da perdere? No: vi sono dei contrabbandi che interessano talmente la natura del tributo, parte così essenziale e così difficile in una buona legislazione, che un tal delitto merita una pena considerabile fino alla prigione medesima, fino alla servitù; ma prigione e servitù conforme alla natura del delitto medesimo. Per esempio la prigionia del contrabbandiere di tabacco non deve essere comune con quella del sicario o del ladro, e i lavori del primo, limitati al travaglio e servigio della regalia medesima che ha voluto defraudare, saranno i più conformi alla natura delle pene.

DEI DEBITORI

La buona fede dei contratti, la sicurezza del commercio costringono il legislatore ad assicurare ai creditori le persone dei debitori falliti, ma io credo importante il distinguere il fallito doloso dal fallito innocente; il primo dovrebbe esser punito coll'stessa pena che è assegnata ai falsificatori delle monete, poiché il falsificare un pezzo di metallo coniato, che è un pegno delle obbligazioni dei cittadini, non è maggior delitto che il falsificare le obbligazioni stesse. Ma il fallito innocente, ma colui che dopo un rigoroso esame ha provato innanzi a' suoi giudici che o l'altrui malizia, o l'altrui disgrazia, o vicende inevitabili dalla prudenza umana lo hanno spogliato delle sue sostanze, per qual barbaro motivo dovrà essere gettato in una prigione, privo dell'unico e tristo bene che gli avanza di una nuda libertà, a provare le angosce dei colpevoli, e con la disperazione della probità oppressa a pentirsi forse di quella innocenza con la quale viveva tranquillo sotto la tutela di quelle leggi che non era in sua balìa di non offendere, leggi dettate dai potenti per avidità, e dai deboli sofferte per quella speranza che per lo più scintilla nell'animo umano, la quale ci fa credere gli avvenimenti sfavorevoli essere per gli altri e quelli vantaggiosi per noi? Gli uomini abbandonati ai loro sentimenti i più obvii amano le leggi crudeli, quantunque, soggetti alle medesime, sarebbe dell'interesse di ciascuno che fossero moderate, perché è più grande il timore di essere offesi che la voglia di offendere. Ritornando all'innocente fallito, dico che se inestinguibile dovrà essere la di lui obbligazione fino al totale pagamento, se non gli sia concesso di sottrarsi senza il consenso delle parti interessate e di portar sotto altre leggi la di lui industria, la quale dovrebbe essere costretta sotto pene ad essere impiegata a rimetterlo in stato di soddisfare proporzionalmente ai progressi, qual sarà il pretesto legittimo, come la sicurezza del commercio, come la sacra proprietà dei beni, che giustifichi una privazione di libertà inutile fuori che nel caso di far coi mali della schiavitù svelare i secreti di un supposto fallito innocente, caso rarissimo nella supposizione di un rigoroso esame! Credo massima legislatoria che il valore degl'inconvenienti politici sia in ragione composta della diretta del danno pubblico, e della inversa della improbabilità di verificarsi. Si potrebbe distinguere il dolo dalla colpa grave, la grave dalla leggiera, e questa dalla perfetta innocenza, ed assegnando al primo le pene dei delitti di falsificazione, alla seconda minori, ma con privazione di libertà, riserbando all'ultima la scelta libera dei mezzi di ristabilirsi, togliere alla terza la libertà di farlo, lasciandola ai creditori. Ma le distinzioni di grave e di leggero debbono fissarsi dalla cieca ed imparziale legge, non dalla pericolosa ed arbitraria prudenza dei giudici. Le fissazioni dei limiti sono così necessarie nella politica come nella matematica, tanto nella misura del ben pubblico quanto nella misura delle grandezze.

Con quale facilità il provvido legislatore potrebbe impedire una gran parte dei fallimenti colpevoli, e rimediare alle disgrazie dell'innocente industrioso! La pubblica e manifesta registrazione di tutt'i contratti, e la libertà a tutt'i cittadini di consultarne i documenti bene ordinati, un banco pubblico formato dai saggiamente ripartiti tributi sulla felice mercatura e destinato a soccorrere con le somme opportune l'infelice ed incolpabile membro di essa, nessun reale inconveniente avrebbero ed innumerabili vantaggi possono produrre. Ma le facili, le semplici, le grandi leggi, che non aspettano che il cenno del legislatore per spandere nel seno della nazione la dovizia e la robustezza, leggi che d'inni immortali di riconoscenza di generazione in generazione lo ricolmerebbero, sono o le meno cognite o le meno volute. Uno spirito inquieto e minuto, la timida prudenza del momento presente, una guardinga rigidezza alle novità s'impadroniscono dei sentimenti di chi combina la folla delle azioni dei piccoli mortali.

ASILI

Mi restano ancora due questioni da esaminare: l'una, se gli asili siano giusti, e se il patto di rendersi fra le nazioni reciprocamente i rei sia utile o no. Dentro i confini di un paese non deve esservi alcun luogo indipendente dalle leggi. La forza di esse seguir deve ogni cittadino, come l'ombra segue il corpo. L'impunità e l'asilo non differiscono che di più e meno, e come l'impressione della pena consiste più nella sicurezza d'incontrarla che nella forza di essa, gli asili invitano più ai delitti di quello che le pene non allontanano. Moltiplicare gli asili è il formare tante piccole sovranità, perché dove non sono leggi che comandano, ivi possono formarsene delle nuove ed opposte alle comuni, e però uno spirito opposto a quello del corpo intero della società. Tutte le storie fanno vedere che dagli asili sortirono grandi rivoluzioni negli stati e nelle opinioni degli uomini. Ma se sia utile il rendersi reciprocamente i rei fra le nazioni, io non ardirei decidere questa questione finché le leggi più conformi ai bisogni dell'umanità, le pene più dolci, ed estinta la dipendenza dall'arbitrio e dall'opinione, non rendano sicura l'innocenza oppressa e la detestata virtù; finché la tirannia non venga del tutto dalla ragione universale, che sempre più unisce gl'interessi del trono e dei sudditi, confinata nelle vaste pianure dell'Asia, quantunque la persuasione di non trovare un palmo di terra che perdoni ai veri delitti sarebbe un mezzo efficacissimo per prevenirli.

DELLA TAGLIA

L'altra questione è se sia utile il mettere a prezzo la testa di un uomo conosciuto reo ed armando il braccio di ciascun cittadino farne un carnefice. O il reo è fuori dei confini, o al di dentro: nel primo caso il sovrano stimola i cittadini a commettere un delitto, e gli espone ad un supplizio, facendo così un'ingiuria ed una usurpazione d'autorità negli altrui dominii, ed autorizza in questa maniera le altre nazioni a far lo stesso con lui; nel secondo mostra la propria debolezza. Chi ha la forza per difendersi non cerca di comprarla. Di più, un tal editto sconvolge tutte le idee di morale e di virtù, che ad ogni minimo vento svaniscono nell'animo umano. Ora le leggi invitano al tradimento, ed ora lo puniscono. Con una mano il legislatore stringe i legami di famiglia, di parentela, di amicizia, e coll'altra premia chi gli rompe e chi gli spezza; sempre contraddittorio a se medesimo, ora invita alla fiducia gli animi sospettosi degli uomini, ora sparge la diffidenza in tutt'i cuori. In vece di prevenire un delitto, ne fa nascer cento. Questi sono gli espedienti delle nazioni deboli, le leggi delle quali non sono che istantanee riparazioni di un edificio rovinoso che crolla da ogni parte. A misura che crescono i lumi in una nazione, la buona fede e la confidenza reciproca divengono necessarie, e sempre più tendono a confondersi con la vera politica. Gli artificii, le cabale, le strade oscure ed indirette, sono per lo più previste, e la sensibilità di tutti rintuzza la sensibilità di ciascuno in particolare. I secoli d'ignoranza medesimi, nei quali la morale pubblica piega gli uomini ad ubbidire alla privata, servono d'istruzione e di esperienza ai secoli illuminati. Ma le leggi che premiano il tradimento e che eccitano una guerra clandestina spargendo il sospetto reciproco fra i cittadini, si oppongono a questa così necessaria riunione della morale e della politica, a cui gli uomini dovrebbero la loro felicità, le nazioni la pace, e l'universo qualche più lungo intervallo di tranquillità e di riposo ai mali che vi passeggiano sopra.

ATTENTATI, COMPLICI, IMPUNITÀ

Perché le leggi non puniscono l'intenzione, non è però che un delitto che cominci con qualche azione che ne manifesti la volontà di eseguirlo non meriti una pena, benché minore all'esecuzione medesima del delitto. L'importanza di prevenire un attentato autorizza una pena; ma siccome tra l'attentato e l'esecuzione vi può essere un intervallo, così la pena maggiore riserbata al delitto consumato può dar luogo al pentimento. Lo stesso dicasi quando siano più complici di un delitto, e non tutti esecutori immediati, ma per una diversa ragione. Quando più uomini si uniscono in un rischio, quant'egli sarà più grande tanto più cercano che sia uguale per tutti; sarà dunque più difficile trovare chi si contenti d'esserne l'esecutore, correndo un rischio maggiore degli altri complici. La sola eccezione sarebbe nel caso che all'esecutore fosse fissato un premio; avendo egli allora un compenso per il maggior rischio la pena dovrebbe esser uguale. Tali riflessioni sembreranno troppo metafisiche a chi non rifletterà essere utilissimo che le leggi procurino meno motivi di accordo che sia possibile tra i compagni di un delitto.

Alcuni tribunali offrono l'impunità a quel complice di grave delitto che paleserà i suoi compagni. Un tale espediente ha i suoi inconvenienti e i suoi vantaggi. Gl'inconvenienti sono che la nazione autorizza il tradimento, detestabile ancora fra gli scellerati, perché sono meno fatali ad una nazione i delitti di coraggio che quegli di viltà: perché il primo non è frequente, perché non aspetta che una forza benefica e direttrice che lo faccia cospirare al ben pubblico, e la seconda è più comune e contagiosa, e sempre più si concentra in se stessa. Di più, il tribunale fa vedere la propria incertezza, la debolezza della legge, che implora l'aiuto di chi l'offende. I vantaggi sono il prevenire delitti importanti, e che essendone palesi gli effetti ed occulti gli autori intimoriscono il popolo; di più, si contribuisce a mostrare che chi manca di fede alle leggi, cioè al pubblico, è probabile che manchi al privato. Mi sembrerebbe che una legge generale che promettesse la impunità al complice palesatore di qualunque delitto fosse preferibile ad una speciale dichiarazione in un caso particolare, perché così preverrebbe le unioni col reciproco timore che ciascun complice avrebbe di non esporre che se medesimo; il tribunale non renderebbe audaci gli scellerati che vedono in un caso particolare chiesto il loro soccorso. Una tal legge però dovrebbe accompagnare l'impunità col bando del delatore... Ma invano tormento me stesso per distruggere il rimorso che sento autorizzando le sacrosante leggi, il monumento della pubblica confidenza, la base della morale umana, al tradimento ed alla dissimulazione. Qual esempio alla nazione sarebbe poi se si mancasse all'impunità promessa, e che per dotte cavillazioni si strascinasse al supplizio ad onta della fede pubblica chi ha corrisposto all'invito delle leggi! Non sono rari nelle nazioni tali esempi, e perciò rari non sono coloro che non hanno di una nazione altra idea che di una macchina complicata, di cui il più destro e il più potente ne muovono a loro talento gli ordigni; freddi ed insensibili a tutto ciò che forma la delizia delle anime tenere e sublimi, eccitano con imperturbabile sagacità i sentimenti più cari e le passioni più violente, sì tosto che le vedono utili al loro fine, tasteggiando gli animi, come i musici gli strumenti.

INTERROGAZIONI SUGGESTIVE, DEPOSIZIONI

Le nostre leggi proscrivono le interrogazioni che chiamansi suggestive in un processo: quelle cioè secondo i dottori, che interrogano della specie, dovendo interrogare del genere, nelle circostanze d'un delitto: quelle interrogazioni cioè che, avendo un'immediata connessione col delitto, suggeriscono al reo una immediata risposta. Le interrogazioni secondo i criminalisti devono per dir così inviluppare spiralmente il fatto, ma non andare giammai per diritta linea a quello. I motivi di questo metodo sono o per non suggerire al reo una risposta che lo metta al coperto dell'accusa, o forse perché sembra contro la natura stessa che un reo si accusi immediatamente da sé. Qualunque sia di questi due motivi è rimarcabile la contraddizione delle leggi che unitamente a tale consuetudine autorizzano la tortura; perciò che qual interrogazione più suggestiva del dolore? Il primo motivo si verifica nella tortura, perché il dolore suggerirà al robusto un'ostinata taciturnità onde cambiare la maggior pena con la minore, ed al debole suggerirà la confessione onde liberarsi dal tormento presente più efficace per allora che non il dolore avvenire. Il secondo motivo è ad evidenza lo stesso, perché se una interrogazione speciale fa contro il diritto di natura confessare un reo, gli spasimi lo faranno molto più facilmente: ma gli uomini più dalla differenza dei nomi si regolano che da quella delle cose. Fra gli altri abusi della grammatica i quali non hanno poco influito su gli affari umani, è notabile quello che rende nulla ed inefficace la deposizione di un reo già condannato; egli è morto civilmente, dicono gravemente i peripatetici giureconsulti, e un morto non è capace di alcuna azione. Per sostenere questa vana metafora molte vittime si sono sacrificate, e bene spesso si è disputato con seria riflessione se la verità dovesse cedere alle formule giudiziali. Purché le deposizioni di un reo condannato non arrivino ad un segno

94

che fermino il corso della giustizia, perché non dovrei concedere, anche dopo la condanna, e all'estrema miseria del reo e agl'interessi della verità uno spazio congruo, talché adducendo egli cose nuove, che cangino la natura del fatto, possa giustificar sé od altrui con un nuovo giudizio? Le formalità e le cerimonie sono necessarie nell'amministrazione della giustizia, sì perché niente lasciano all'arbitrio dell'amministratore, sì perché danno idea al popolo di un giudizio non tumultuario ed interessato, ma stabile e regolare, sì perché sugli uomini imitatori e schiavi dell'abitudine fanno più efficace impressione le sensazioni che i raziocini. Ma queste senza un fatale pericolo non possono mai dalla legge fissarsi in maniera che nuocano alla verità, la quale, per essere o troppo semplice o troppo composta, ha bisogno di qualche esterna pompa che le concilii il popolo ignorante. Finalmente colui che nell'esame si ostinasse di non rispondere alle interrogazioni fattegli merita una pena fissata dalle leggi, e pena delle più gravi che siano da quelle intimate, perché gli uomini non deludano così la necessità dell'esempio che devono al pubblico. Non è necessaria questa pena quando sia fuori di dubbio che un tal accusato abbia commesso un tal delitto, talché le interrogazioni siano inutili, nella stessa maniera che è inutile la confessione del delitto quando altre prove ne giustificano la reità. Quest'ultimo caso è il più ordinario, perché l'esperienza fa vedere che nella maggior parte dei processi i rei sono negativi.

DI UN GENERE PARTICOLARE DI DELITTI

Chiunque leggerà questo scritto accorgessi che io ho omesso un genere di delitti che ha coperto l'Europa di sangue umano e che ha alzate quelle funeste cataste, ove servivano di alimento alle fiamme i vivi corpi umani, quand'era giocondo spettacolo e grata armonia per la cieca moltitudine l'udire i sordi confusi gemiti dei miseri che uscivano dai vortici di nero fumo, fumo di membra umane, fra lo stridere dell'ossa incarbonite e il friggersi delle viscere ancor palpitanti. Ma gli uomini ragionevoli vedranno che il luogo, il secolo e la materia non mi permettono di esaminare la natura di un tal delitto. Troppo lungo, e fuori del mio soggetto, sarebbe il provare come debba essere necessaria una perfetta uniformità di pensieri in uno stato, contro l'esempio di molte nazioni; come opinioni, che distano tra di loro solamente per alcune sottilissime ed oscure differenze troppo lontane dalla umana capacità, pure possano sconvolgere il ben pubblico, quando una non sia autorizzata a preferenza delle altre; e come la natura delle opinioni sia composta a segno che mentre alcune col contrasto fermentando e combattendo insieme si rischiarano, e sopra notando le vere, le false si sommergono nell'oblio, altre, mal sicure per la nuda loro costanza, debbano esser vestite di autorità e di forza. Troppo lungo sarebbe il provare come, quantunque odioso sembri l'impero della forza sulle menti umane, del quale le sole conquiste sono la dissimulazione, indi l'avvilimento; quantunque sembri contrario allo spirito di mansuetudine e fraternità comandato dalla ragione e dall'autorità che più veneriamo, pure sia necessario ed indispensabile. Tutto ciò deve credersi evidentemente provato e conforme ai veri interessi degli uomini, se v'è chi con riconosciuta autorità lo esercita. Io non parlo che dei delitti che emanano dalla natura umana e dal patto sociale, e non dei peccati, dei quali le pene, anche temporali, debbono regolarsi con altri principii che quelli di una limitata filosofia.

FALSE IDEE DI UTILITÀ

Una sorgente di errori e d'ingiustizie sono le false idee d'utilità che si formano i legislatori. Falsa idea d'utilità è quella che antepone gl'inconvenienti particolari all'inconveniente generale, quella che comanda ai sentimenti in vece di eccitargli, che dice alla logica: servi. Falsa idea di utilità è quella che sacrifica mille vantaggi reali per un inconveniente o immaginario o di poca conseguenza, che toglierebbe agli uomini il fuoco perché incendia e l'acqua perché annega, che non ripara ai mali che col distruggere. Le leggi che proibiscono di portar le armi sono leggi di tal natura; esse non disarmano che i non inclinati né determinati ai delitti, mentre coloro che hanno il coraggio di poter violare le leggi più sacre della umanità e le più importanti del codice, come rispetteranno le minori e le puramente arbitrarie, e delle quali tanto facili ed impuni debbono essere le contravvenzioni, e l'esecuzione esatta delle quali toglie la libertà personale, carissima all'uomo, carissima all'illuminato legislatore, e sottopone gl'innocenti a tutte le vessazioni dovute ai rei? Queste peggiorano la condizione degli assaliti, migliorando quella degli assalitori, non scemano gli omicidi, ma gli accrescono, perché è maggiore la confidenza nell'assalire i disarmati che gli armati. Queste si chiamano leggi non preventive ma paurose dei delitti, che nascono dalla tumultuosa impressione di alcuni fatti particolari, non dalla ragionata meditazione degl'inconvenienti ed vantaggi di un decreto universale. Falsa idea d'utilità è quella che vorrebbe dare a una moltitudine di esseri sensibili la simmetria e l'ordine che soffre la materia bruta e inanimata, che trascura i motivi presenti, che soli con costanza e con forza agiscono sulla moltitudine, per dar forza ai lontani, dei quali brevissima e debole è l'impressione, se una forza d'immaginazione, non ordinaria nella umanità, non supplisce coll'ingrandimento alla lontananza dell'oggetto. Finalmente è falsa idea d'utilità quella che, sacrificando la cosa al nome, divide il ben pubblico dal bene di tutt'i particolari. Vi è una differenza dallo stato di società allo stato di natura, che l'uomo selvaggio non fa danno altrui che quanto basta per far bene a sé stesso, ma l'uomo sociabile è qualche volta mosso dalle male leggi a offender altri senza far bene a sé. Il dispotico getta il timore e l'abbattimento nell'animo dei suoi schiavi, ma ripercosso ritorna con maggior forza a tormentare il di lui animo. Quanto il timore è più solitario e domestico tanto è meno pericoloso a chi ne fa lo strumento della sua felicità; ma quanto è più pubblico ed agita una moltitudine più grande di uomini tanto è più facile che vi sia o l'imprudente, o il disperato, o l'audace accorto che faccia servire gli uomini al suo fine, destando in essi sentimenti più grati e tanto più seducenti quanto il rischio dell'intrapresa cade sopra un maggior numero, ed il valore che gl'infelici danno alla propria esistenza si sminuisce a proporzione della miseria che soffrono. Questa è la cagione per cui le offese ne fanno nascere delle nuove, che l'odio è un sentimento tanto più durevole dell'amore, quanto il primo prende la sua forza dalla continuazione degli atti, che indebolisce il secondo.

COME SI PREVENGANO I DELITTI

È meglio prevenire i delitti che punirgli. Questo è il fine principale d'ogni buona legislazione, che è l'arte di condurre gli uomini al massimo di felicità o al minimo d'infelicità possibile, per parlare secondo tutt'i calcoli dei beni e dei mali della vita. Ma i mezzi impiegati fin ora sono per lo più falsi ed opposti al fine proposto. Non è possibile il ridurre la turbolenta attività degli uomini ad un ordine geometrico senza irregolarità e confusione. Come le costanti e semplicissime leggi della natura non impediscono che i pianeti non si turbino nei loro movimenti così nelle infinite ed oppostissime attrazioni del piacere e del dolore, non possono impedirsene dalle leggi umane i turbamenti ed il disordine. Eppur questa è la chimera degli uomini limitati, quando abbiano il comando in mano. Il proibire una moltitudine di azioni indifferenti non è prevenire i delitti che ne possono nascere, ma egli è un crearne dei nuovi, egli è un definire a piacere la virtù ed il vizio, che ci vengono predicati eterni ed immutabili. A che saremmo ridotti, se ci dovesse essere vietato tutto ciò che può indurci a delitto? Bisognerebbe privare l'uomo dell'uso dei suoi sensi. Per un motivo che spinge gli uomini a commettere un vero delitto, ve ne son mille che gli spingono a commetter quelle azioni indifferenti, che chiamansi delitti dalle male leggi; e se la probabilità dei delitti è proporzionata al numero dei motivi, l'ampliare la sfera dei delitti è un crescere la probabilità di commettergli. La maggior parte delle leggi non sono che privilegi, cioè un tributo di tutti al comodo di alcuni pochi.

Volete prevenire i delitti? Fate che le leggi siano chiare, semplici, e che tutta la forza della nazione sia condensata a difenderle, e nessuna parte di essa sia impiegata a distruggerle. Fate che le leggi favoriscano meno le classi degli uomini che gli uomini stessi. Fate che gli uomini le temano, e temano esse sole. Il timor delle leggi è salutare, ma fatale e fecondo di delitti è quello di uomo a uomo. Gli uomini schiavi sono più voluttuosi, più libertini, più crudeli degli uomini liberi. Questi meditano sulle scienze, meditano sugl'interessi della nazione, vedono grandi oggetti, e gl'imitano; ma quegli contenti del giorno presente cercano fra lo strepito del libertinaggio una distrazione dall'annientamento in cui si vedono; avvezzi all'incertezza dell'esito di ogni cosa, l'esito dei loro delitti diviene problematico per essi, in vantaggio della passione che gli determina. Se l'incertezza delle leggi cade su di una nazione indolente per clima, ella mantiene ed aumenta la di lei indolenza e stupidità. Se cade in una nazione voluttuosa, ma attiva, ella ne disperde l'attività in un infinito numero di piccole cabale ed intrighi, che spargono la diffidenza in ogni cuore e che fanno del tradimento e della dissimulazione la base della prudenza. Se cade su di una nazione coraggiosa e forte, l'incertezza vien tolta alla fine, formando prima molte oscillazioni dalla libertà alla schiavitù, e dalla schiavitù alla libertà.

DELLE SCIENZE

Volete prevenire i delitti? Fate che i lumi accompagnino la libertà. I mali che nascono dalle cognizioni sono in ragione inversa della loro diffusione, e i beni lo sono nella diretta. Un ardito impostore, che è sempre un uomo non volgare, ha le adorazioni di un popolo ignorante e le fischiate di un illuminato. Le cognizioni facilitando i paragoni degli oggetti e moltiplicandone i punti di vista, contrappongono molti sentimenti gli uni agli altri, che si modificano vicendevolmente, tanto più facilmente quanto si prevedono negli altri le medesime viste e le medesime resistenze. In faccia ai lumi sparsi con profusione nella nazione, tace la calunniosa ignoranza e trema l'autorità disarmata di ragioni, rimanendo immobile la vigorosa forza delle leggi; perché non v'è uomo illuminato che non ami i pubblici, chiari ed utili patti della comune sicurezza, paragonando il poco d'inutile libertà da lui sacrificata alla somma di tutte le libertà sacrificate dagli altri uomini, che senza le leggi potevano divenire cospiranti contro di lui. Chiunque ha un'anima sensibile, gettando uno sguardo su di un codice di leggi ben fatte, e trovando di non aver perduto che la funesta libertà di far male altrui, sarà costretto a benedire il trono e chi lo occupa

Non è vero che le scienze siano sempre dannose all'umanità, e quando lo furono era un male inevitabile agli uomini. La moltiplicazione dell'uman genere sulla faccia della terra introdusse la guerra, le arti più rozze, le prime leggi, che erano patti momentanei che nascevano con la necessità e con essa perivano. Questa fu la prima filosofia degli uomini, i di cui pochi elementi erano giusti, perché la loro indolenza e poca sagacità gli preservava dall'errore. Ma i bisogni si moltiplicavano sempre più col moltiplicarsi degli uomini. Erano dunque necessarie impressioni più forti e più durevoli che gli distogliessero dai replicati ritorni nel primo stato d'inconscio, che si rendeva sempre più funesto. Fecero dunque un gran bene all'umanità quei primi errori che popolarono la terra di false divinità (dico gran bene politico) e che crearono un universo invisibile regolatore del nostro. Furono benefattori degli uomini quegli che osarono sorprendergli e strascinarono agli altari la docile ignoranza. Presentando loro oggetti posti di là dai sensi, che loro fuggivano davanti a misura che credevano raggiungerli, non mai disprezzati, perché non mai ben conosciuti, riunirono e condensarono le divise passioni in un solo oggetto, che fortemente gli occupava. Queste furono le prime vicende di tutte le nazioni che si formarono da' popoli selvaggi, questa fu l'epoca della formazione delle grandi società, e tale ne fu il vincolo necessario e forse unico. Non parlo di quel popolo eletto da Dio, a cui i miracoli più straordinari e le grazie più segnalate tennero luogo della umana politica. Ma come è proprietà dell'errore di sotto dividersi all'infinito, così le scienze che ne nacquero fecero degli uomini una fanatica moltitudine di ciechi, che in un chiuso labirinto si urtano e si scompigliano di modo che alcune anime sensibili e filosofiche rimpiangevano persino l'antico stato selvaggio. Ecco la prima epoca, in cui le cognizioni, o per dir meglio le opinioni, sono dannose.

La seconda è nel difficile e terribile passaggio dagli errori alla verità, dall'oscurità non conosciuta alla luce. L'urto immenso degli errori utili ai pochi potenti contro le verità utili ai molti deboli, l'avvicinamento ed il fermento delle passioni, che si destano in quell'occasione, fanno infiniti mali alla misera umanità. Chiunque riflette sulle storie, le quali dopo certi intervalli di tempo si rassomigliano quanto all'epoche principali, vi troverà più volte una generazione intera sacrificata alla felicità di quelle che le succedono nel luttuoso ma necessario passaggio dalle tenebre dell'ignoranza alla luce della filosofia, e dalla tirannia alla libertà, che ne sono le conseguenze. Ma quando, calmati gli animi ed estinto l'incendio che ha purgata la nazione dai mali che l'opprimono, la verità, i di cui progressi prima son lenti e poi accelerati, siede compagna su i troni dei monarchi ed ha culto ed ara nei parlamenti delle repubbliche, chi potrà mai asserire che la luce che illumina la moltitudine sia più dannosa delle tenebre, e che i veri e semplici rapporti delle cose ben conosciute dagli uomini loro siano funesti?

Se la cieca ignoranza è meno fatale che il mediocre e confuso sapere, poiché questi aggiunge ai mali della prima quegli dell'errore inevitabile da chi ha una vista ristretta al di qua dei confini del vero, l'uomo illuminato è il dono più prezioso che faccia alla nazione ed a se stesso il sovrano, che lo rende depositario e custode delle sante leggi. Avvezzo a vedere la verità e a non temerla, privo della maggior parte dei bisogni dell'opinione non mai abbastanza soddisfatti, che mettono alla prova la virtù della maggior parte degli uomini, assuefatto a contemplare l'umanità dai punti di vista più elevati, avanti a lui la propria nazione diventa una famiglia di uomini fratelli, e la distanza dei grandi al popolo gli par tanto minore quanto è maggiore la massa dell'umanità che ha avanti gli occhi. I filosofi acquistano dei bisogni e degli interessi non conosciuti dai volgari, quello principalmente di non smentire nella pubblica luce i principii predicati nell'oscurità, ed acquistano l'abitudine di amare la verità per se stessa. Una scelta di uomini tali forma la felicità di una nazione, ma felicità momentanea se le buone leggi non ne aumentino talmente il numero che scemino la probabilità sempre grande di una cattiva elezione.

MAGISTRATI

Un altro mezzo di prevenire i delitti si è d'interessare il consesso esecutore delle leggi piuttosto all'osservanza di esse che alla corruzione. Quanto maggiore è il numero che lo compone tanto è meno pericolosa l'usurpazione sulle leggi, perché la venalità è più difficile tra membri che si osservano tra di loro, e sono tanto meno interessati ad accrescere la propria autorità, quanto minore ne è la porzione che a ciascuno ne toccherebbe, massimamente paragonata col pericolo dell'intrapresa. Se il sovrano coll'apparecchio e con la pompa, coll'austerità degli editti, col non permettere le giuste e le ingiuste querele di chi si crede oppresso, avvezzerà i sudditi a temere più i magistrati che le leggi, essi profitteranno più di questo timore di quello che non ne guadagni la propria e pubblica sicurezza.

RICOMPENSE

Un altro mezzo di prevenire i delitti è quello di ricompensare la virtù. Su di questo proposito osservo un silenzio universale nelle leggi di tutte le nazioni del dì d'oggi. Se i premi proposti dalle accademie ai scopritori delle utili verità hanno moltiplicato e le cognizioni e i buoni libri, perché non i premi distribuiti dalla benefica mano del sovrano non moltiplicherebbero altresì le azioni virtuose? La moneta dell'onore è sempre inesausta e fruttifera nelle mani del saggio distributore.

EDUCAZIONE

Finalmente il più sicuro ma più difficile mezzo di prevenire i delitti si è di perfezionare l'educazione, oggetto troppo vasto e che eccede i confini che mi sono prescritto, oggetto, oso anche dirlo, che tiene troppo intrinsecamente alla natura del governo perché non sia sempre fino ai più remoti secoli della pubblica felicità un campo sterile, e solo coltivato qua e là da pochi saggi. Un grand'uomo, che illumina l'umanità che lo perseguita, ha fatto vedere in dettaglio quali siano le principali massime di educazione veramente utile agli uomini, cioè consistere meno in una sterile moltitudine di oggetti che nella scelta e precisione di essi, nel sostituire gli originali alle copie nei fenomeni sì morali che fisici che il caso o l'industria presenta ai novelli animi dei giovani, nello spingere alla virtù per la facile strada del sentimento, e nel deviarli dal male per la infallibile della necessità e dell'inconveniente, e non con la incerta del comando, che non ottiene che una simulata e momentanea ubbidienza.

DELLE GRAZIE

A misura che le pene divengono più dolci, la clemenza ed il perdono diventano meno necessari. Felice la nazione nella quale sarebbero funesti! La clemenza dunque, quella virtù che è stata talvolta per un sovrano il supplemento di tutt'i doveri del trono, dovrebbe essere esclusa in una perfetta legislazione dove le pene fossero dolci ed il metodo di giudicare regolare e spedito. Questa verità sembrerà dura a chi vive nel disordine del sistema criminale dove il perdono e le grazie sono necessarie in proporzione dell'assurdità delle leggi e dell'atrocità delle condanne. Quest'è la più bella prerogativa del trono, questo è il più desiderabile attributo della sovranità, e questa è la tacita disapprovazione che i benefici dispensatori della pubblica felicità danno ad un codice che con tutte le imperfezioni ha in suo favore il pregiudizio dei secoli, il voluminoso ed imponente corredo d'infiniti commentatori, il grave apparato dell'eterne formalità e l'adesione dei più insinuanti e meno temuti semidotti. Ma si consideri che la clemenza è la virtù del legislatore e non dell'esecutore delle leggi; che deve risplendere nel codice, non già nei giudizi particolari; che il far vedere agli uomini che si possono perdonare i delitti e che la pena non ne è la necessaria conseguenza è un fomentare la lusinga dell'impunità, è un far credere che, potendosi perdonare, le condanne non perdonate siano piuttosto violenze della forza che emanazioni della giustizia. Che si dirà poi quando il principe dona le grazie, cioè la pubblica sicurezza ad un particolare, e che con un atto privato di non illuminata beneficenza forma un pubblico decreto d'impunità. Siano dunque inesorabili le leggi, inesorabili gli esecutori di esse nei casi particolari, ma sia dolce, indulgente, umano il legislatore. Saggio architetto, faccia sorgere il suo edificio sulla base dell'amor proprio, e l'interesse generale sia il risultato degl'interessi di ciascuno, e non sarà costretto con leggi parziali e con rimedi tumultuosi a separare ad ogni momento il ben pubblico dal bene dei particolari, e ad alzare il simulacro della salute pubblica sul timore e sulla diffidenza. Profondo e sensibile filosofo, lasci che gli uomini, che i suoi fratelli, godano in pace quella piccola porzione di felicità che lo immenso sistema, stabilito dalla prima Cagione, da quello che è, fa loro godere in quest'angolo dell'universo.

CONCLUSIONE

Conchiudo con una riflessione, che la grandezza delle pene deve essere relativa allo stato della nazione medesima. Più forti e sensibili devono essere le impressioni sugli animi induriti di un popolo appena uscito dallo stato selvaggio. Vi vuole il fulmine per abbattere un feroce leone che si rivolta al colpo del fucile. Ma a misura che gli animi si ammolliscono nello stato di società cresce la sensibilità e, crescendo essa, deve scemarsi la forza della pena, se costante vuol mantenersi la relazione tra l'oggetto e la sensazione.

Da quanto si è visto finora può cavarsi un teorema generale molto utile, ma poco conforme all'uso, legislatore il più ordinario delle nazioni, cioè: perché ogni pena non sia una violenza di uno o di molti contro un privato cittadino, deve essere essenzialmente pubblica, pronta, necessaria, la minima delle possibili nelle date circostanze, proporzionata a' delitti, dettata dalle leggi.

www.ingramcontent.com/pod-product-compliance
Lightning Source LLC
Chambersburg PA
CBHW060353190526
45169CB00002B/579